＼ 耳から学べばもっとはかどる！ ／

寝る前5分 耳から暗記ブック

中1

英語／数学／理科／社会／国語

もくじ

★社会

★国語 ※国語は後ろ側から始まります。

この本の特長と使い方

★この本の特長

スマホから音声を聞くだけで，中学1年の5教科が学べる！

「寝る前5分の暗記が記憶の定着をうながす」というメソッドをもとに，各学年の大事なところだけをまとめたポケット参考書『寝る前5分暗記ブック』シリーズ。このたび，『寝る前5分暗記ブック　中1』に，本の内容をまるごと読み上げた音声がついた特別版が登場！

視覚だけでなく聴覚も活用すれば，知識がもっと定着するはず。寝る前5分，スマホから音声を聞いて，中学1年5教科の要点を楽しく効率的に覚えましょう。

※本書の紙面の内容は『寝る前5分暗記ブック　中1　改訂版』と同じです。

★音声の聞き方

この本は，1項目2ページの構成になっています。項目ごとに音声を収録しています。スマートフォンもしくはタブレットを使い，下記の手順で音声を再生してください。

①右の二次元コードを読み取るか，URLにアクセスして，音声再生アプリ「my-oto-mo（マイオトモ）」をダウンロードしてください。

https://gakken-ep.jp/extra/myotomo/

②アプリを立ち上げて『寝る前5分耳から暗記ブック　中1』を選択し，下のパスワードを入力してください。

パスワード　8z9mv66s

【注意事項】

- お客さまのネット環境やご利用の端末により，音声の再生やアプリの利用ができない場合，当社は責任を負いかねます。
- アプリは無料ですが，通信料はお客さまのご負担になります。

★今夜のお話

Saki : Hello. I am Sato Saki.
サキ　こんにちは。　私は佐藤《さとう》サキです。

Are you Michael?
あなたはマイケルですか。

Mike : Yes, I am. Please call me Mike.
マイク　はい，そうです。　マイクと呼んでください。

Saki : Nice to meet you, Mike.
はじめまして，マイク。

Mike : Nice to meet you, too.
こちらこそ，はじめまして。

Saki : Are you tired?
疲《つか》れてる？

Mike: No, I'm not.
ううん，疲れていないよ。

I'm fine. Thanks.
元気だよ。ありがとう。

★今夜のおさらい

I am ～. は「私は～です」という意味です。名前のほかに，状態や職業を表す語などがきます。短縮形 I'm がよく使われます。**Are you ～?** は「あなたは～ですか」と相手にたずねる言い方です。

例 **I am busy.**（私は忙《いそが》しいです。）
Are you from Tokyo?
（あなたは東京出身ですか。）

Are you ～? に答えるときは，**Yes, I am.**（はい，そうです。）や **No, I'm not.**（いいえ，ちがいます。）などと答えます。

「私は～ではありません」（否定文）と言うときは，I'm not ～. のように not を am のあとに入れるよ！

Please call me ～. は「私を～と呼んでください」という意味です。

自分をどう呼んでほしいか伝える言い方だね！

寝る前にもう一度

I am Sato Saki.

Please call me Mike.

2. This is ～.の文:「これは私の家です」

□ 月 日
□ 月 日

★今夜のお話

Saki : This is my house. Please come in.
サキ　これは私の家よ。　どうぞ，中に入って。

Mike : Wow, it's very Japanese. It's nice.
マイク　わー，とても日本的だね。　すてきだね。

Saki : This is my room.
これは私の部屋。

And that is your room.
そして，　あちらがあなたの部屋よ。

Mike : Oh, OK. Is that my name?
ああ，わかった。　あれはぼくの名前？

Saki : Yes, it is! It's in Japanese.
そうよ！　日本語でよ。

Mike : Cool! Thanks.
かっこいい！　ありがとう。

★今夜のおさらい

近くのものをさして「これは～です」と言うときは，**This** is ～.を使います。離《はな》れたものをさして「あれは～です」と言うときは，**That** is ～.を使います。**That's**のように，短縮して使うことも多いです。

This is のあとに人物を続けると，「こちらは～です」と人を紹介《しょうかい》する言い方になるよ。

例 **This** is my brother, Ken.
（こちらは私の兄［弟］のケンです。）

Is that ～?は「あれは～ですか」という意味です。近くのものの場合は，Is **this** ～?（これは～ですか。）になります。
答えるときは，Yes, **it** is.（はい，そうです。）やNo, **it** isn't.（いいえ，ちがいます。）などと答えるよ。

am, are, is はbe動詞というよ。
疑問文はbe動詞で始めるよ。

寝る前にもう一度

This is my house.

That is your room.

Is that my name? – Yes, it is!

3. 一般動詞の文：「私は毎日ピアノをひきます」

□ 月 日
□ 月 日

★今夜のお話

Mike：Is this your piano?
マイク　これはきみのピアノ？

Saki：Yes, it is. I play the piano every day. I like sports, too.
サキ　うん，そうよ。私は毎日ピアノをひくの。私はスポーツも好きよ。

Mike：Oh, me too! I play basketball. Do you play basketball?
わぁ，ぼくも！　ぼくはバスケットボールをするよ。きみはバスケットボールをするの？

Saki：No, I don't. But I sometimes watch basketball games on TV.
ううん，しない。でも，ときどきテレビでバスケットボールの試合を見るよ。

★今夜のおさらい

「(スポーツ)をする」と言うときは，**play tennis**(テニスをする)のように，**play**のあとにスポーツ名を続けます。

「(楽器)を演奏する」と言うときは，**play the piano**のように，楽器名の前に**the**を入れて，〈**play the**＋楽器名〉と表します。

playなどのbe動詞以外の動詞を一般《いっぱん》動詞というよ。

Do you ～? は「あなたは～しますか」とたずねる言い方です。一般動詞の疑問文は，**Do**で文を始めます。**Do you ～?**には，**Yes, I do.**(はい。)や**No, I don't.**(いいえ。)と答えます。

例 **Do you like English?**
— Yes, I do. / No, I don't.
(あなたは英語が好きですか。—はい。/いいえ。)

一般動詞の否定文は，動詞の前にdon'tを入れて作るよ。

寝る前にもう一度

- I play the piano every day.
- I play basketball.
- Do you play basketball? — No, I don't.

4. 3人称《にんしょう》の文：「父は銀行で働いています」

□ 月 日
□ 月 日

★今夜のお話

Mike：These are my parents. My father
マイク　こちらはぼくの両親なんだ。父は

works at a bank. My mother
銀行で働いているんだ。母は

teaches Japanese at a college.
大学で日本語を教えているよ。

Saki：Does your mother speak
サキ　あなたのお母さんは日本語を話すの？

Japanese?

Mike：Yes, she does.
うん，話すよ。

Saki：How about your father?
あなたのお父さんはどう？

Mike：He doesn't speak Japanese.
彼は日本語を話さないよ。

But he loves Japan.
でも，日本が大好きなんだ。

★今夜のおさらい

✪ 主語が3人称《にんしょう》単数(**he, she, it**など)の文では、動詞は**work→works**のように、語尾《ごび》に**s**や**es**がついた形になります。

・go → goes　　・watch → watches
・study → studies　・have → has

sやesのつけ方を覚えないとね。
have は特別な形なんだなあ。

☽ 主語が3人称単数の一般《いっぱん》動詞の疑問文は、Doesで文を始めます。動詞は原形（sがつかない形）を使います。

例 **Does he like tennis?**
－Yes, he does. / No, he doesn't.
（彼はテニスが好きですか。－はい。／いいえ。）

✧ 主語が3人称単数で「～しません」と言うときは、動詞の前にdoesn'tを入れます。疑問文と同じく、動詞は原形にします。

寝る前にもう一度

✪ My father works at a bank.
☽ Does your mother speak Japanese? – Yes, she does.
✧ He doesn't speak Japanese.

★今夜のお話

Saki : How many brothers or sisters do you have?
サキ　きょうだいは何人いるの？（何人きょうだいなの？）

Mike : I have one sister.
マイク　姉が１人いるよ。

Saki : What is her name?
彼女の名前は何？

Mike : Kate.
ケイト。

Saki : How old is she?
彼女は何歳《なんさい》なの？

Mike : She's sixteen.
16歳だよ。

She's a high school student.
高校生なんだ。

★今夜のおさらい

How many ～?は「いくつの～?」という意味で，数をたずねるときに使います。きょうだいの人数をたずねるときは，**brothers or sisters**（兄弟または姉妹《しまい》）をあとに続けます。

manyのあとに続く名詞は複数形になるよ。具体的に数を答えよう。

whatは「何」とたずねるときに使う疑問詞です。

例 What is this? − It's sushi.
（これは何ですか。−すしです。）

How old ～?は人の年齢《ねんれい》や建物などの古さをたずねるときに使います。

例 How much is it?（いくらですか。）
How tall are you?（身長はどのくらいですか。）

Howのあとの形容詞を変えると，いろんなことがたずねられるね！

寝る前にもう一度

- How many brothers or sisters do you have?
- What is her name? − Kate.
- How old is she? − She's sixteen.

6. 疑問詞の文(2):「あの男の子はだれですか」

□ 月 日
□ 月 日

★今夜のお話

Ken : Hi, Saki! Who is that boy?
ケン　やあ，サキ！　あの男の子はだれ？

Saki : Oh, hi, Ken. He's Mike.
サキ　あ，こんにちは，ケン。　彼《かれ》はマイクよ。

He's a foreign student.
彼は留学生なの。

Ken : Where is he from?
彼はどこの出身なの？

Saki : He's from New York.
彼はニューヨーク出身よ。

Ken : What language does he speak?
何語を話すの？

Saki : He speaks English and a little
彼は英語と少し日本語を話すのよ！

Japanese!

★今夜のおさらい

Who is ～?は「～はだれですか」という意味。

例 **Who is that woman?** (あの女の人はだれですか。)

– She is Ms. Yamada. (彼女《かのじょ》は山田さんです。)

名前のほかに, She is my mother. (母です。)
のように自分との関係を答えてもいいよ。

whereは「どこ」という意味で, 場所をたずねる疑問詞です。

例 **Where do you live?**

– I live in Osaka.

(あなたはどこに住んでいますか。 ― 大阪に住んでいます。)

〈What 名詞 ～?〉は「何の～?」という意味。

例 **What sport do you like?**

– I like soccer.

(何のスポーツが好きですか。 ― サッカーが好きです。)

What animal (何の動物) やWhat fruit (何の果物) とか, いろいろ聞けるね。

寝る前にもう一度

- Who is that boy? – He's Mike.
- Where is he from? – He's from New York.
- What language does he speak?

★今夜のお話

Mike : **I'm hungry. What time is it?**
マイク　おなかがすいたよ。　何時？

Ken : **It's already one. Do you know a good restaurant, Saki?**
ケン　もう１時だよ。　いいレストランを知っている，サキ？

Saki : **Mike, which do you like, *gyudon* or *okonomiyaki*?**
サキ　マイク，　牛丼《ぎゅうどん》とお好み焼きのどちらが好き？

Mike : **Umm, *gyudon*.**
そうだなー，牛丼で。

Saki : **OK. This way!**
オッケー。　こっちよ！

★今夜のおさらい

What time is it?は「何時ですか。」と時刻をたずねる言い方です。時刻や天気や寒暖などを表す文ではitを主語に使います。このitには「それ」という意味はありません。

例 **It's sunny and hot today.**
（今日は，晴れていて暑いです。）

What time do you go to bed?
（きみは何時にねるの？）

whichは「どれ」「どちら」とたずねるときに使います。**A or B?**は「AとBのどちら？」の意味です。

例 **Which is your favorite color, red or blue? – Red is.**
（あなたのいちばん好きな色は赤と青のどちらですか。― 赤です。）

Which color do you like, red or blue?のように，〈Which＋名詞〉の形で聞いてもいいよ。

寝る前にもう一度

- What time is it? – It's already one.
- Which do you like, *gyudon* or *okonomiyaki*?

8. 命令文：「本を閉じなさい」

□ 月 日
□ 月 日

英語

★今夜のお話

Mr. Hill : Now, everybody. Close your books. Listen to this new song.

ヒル先生　さあ，みなさん。本を閉じて。この新しい歌を聞いて。

Students : OK, Mr. Hill.

生徒たち　はい，ヒル先生。

Mr. Hill : Now, these are the lyrics.

では，これらが歌詞です。

Let's sing the song together.

一緒《いっしょ》にその歌を歌いましょう。

Don't be shy.

はずかしがらないでね。

Students : OK, Mr. Hill.

わかりました，ヒル先生。

★今夜のおさらい

主語のYouを省略して，動詞で文を始めると，「～しなさい」と指示する言い方になります。be動詞の命令文は，Beで文を始めます。

例 **Open** your books. （本を開きなさい。）

Be quiet. （静かにしなさい。）

please（どうぞ）をつけると，ていねいな感じになるよ。

命令文の前に**Let's**をおくと，「～しましょう」と相手を誘《さそ》う表現になります。

例 **Let's** go shopping. （買い物に行きましょう。）

Let's ～. のように誘われたら，Yes, let's.（はい，そうしましょう。）やOK.（いいよ。）などと答えるといいね。

命令文の前に**Don't**をおくと，「～してはいけません」という否定の命令文になります。

例 **Don't** run here. （ここで走ってはいけません。）

Don't **be** late. （遅《おく》れてはいけないよ。）

寝る前にもう一度

- Close your books.
- Let's sing the song together.
- Don't be shy.

★今夜のお話

Kate : Hello?
ケイト　もしもし？

Mike: Hi, Kate. This is Mike.
マイク　やあ，ケイト。　マイクだよ。

Kate : Wow! Hi, Mike. How's Japan?
わー！　こんにちは，マイク。　日本はどう？

Mike : It's just great! By the way,
ただただ最高だよ！　ところで，

are you watching TV?
テレビを見ているの？

Kate : No, I'm not. I am having lunch outside.
ううん，ちがうよ。　外でお昼を食べているのよ。

Mike : Oh, I see. What are you eating?
あー，なるほど。　何を食べているの？

Kate : I'm eating a hot dog.
ホットドッグを食べているの。

Mike : Oh, I miss hot dogs!
あー，ホットドッグが恋《こい》しいな！

★今夜のおさらい

<be動詞+～ing>で，「～しているところだ」という意味で，動作が進行中であることを表します。

例 Tom is swimming in the pool.

（トムはプールで泳いでいます。）

- ・read → reading　・make → making
- ・run → running　・sit → sitting

like（～が好きだ）やknow（～を知っている）などの状態を表す動詞は進行形にはしないよ。

現在進行形の疑問文はbe動詞を主語の前に出します。What are you ～ing?は「あなたは何を～していますか」とたずねる文です。

例 Is he cooking?（彼《かれ》は料理していますか。）

―Yes, he is. / No, he isn't.（はい。/いいえ。）

例 What are you doing?

―I'm studying math.

（あなたは何をしていますか。―数学を勉強しています。）

現在進行形を使って，現在していることを具体的に答えるよ。

寝る前にもう一度

- Are you watching TV? – No, I'm not.
- What are you eating?
- I'm eating a hot dog.

10. canの文：「私はカレーが作れます」

□ 月 日
□ 月 日

★今夜のお話

Mike：Do you eat curry in Japan?
マイク　日本ではカレーを食べるの？

Ken：Yes, we do. And I can make curry.
ケン　うん，食べるよ。そして，ぼくはカレーを作れるよ。

Mike：Really? I can't eat hot food.
本当に？　ぼくは辛《から》い食べ物が食べられないんだ。

Ken：Can you eat *wasabi*?
わさびは食べられる？

Mike：I don't know. What's *wasabi*?
わからないな。　わさびって何？

Ken：It's with *sushi* and cold *soba*.
おすしや冷たいそばについているよ。

It's green.
緑色なんだ。

Mike：Oh, I know it!
あ，知っているよ！

It's not bad.
わさびは悪くないよ(なかなかいいよ)。

★今夜のおさらい

canは動詞の前において「～できる」という意味をつけ加えます。主語の人称《にんしょう》や数に関係なく，あとの動詞はいつも原形にします。canの否定文では，can't[cannot]を使います。

例 **She can run fast.** （彼女《かのじょ》は速く走ることができます。）

He can't[cannot] swim. （彼《かれ》は泳げません。）

can'tはcannotの短縮形だよ。

Can you ～?のようにcanを主語の前に出すと，「～できますか」と疑問文になります。答えるときもcanを使うことが多いです。

例 **Can you play the violin?**

－Yes, I can. /

No, I can't[cannot].

（あなたはバイオリンをひけますか。－はい。／いいえ。）

寝る前にもう一度

- I can make curry.
- I can't eat hot food.
- Can you eat *wasabi*?

★今夜のお話

Saki : Mr. Hill, I went to Mt. Fuji last weekend.
サキ　ヒル先生，先週末，富士山に行きました。

Mr. Hill : Really? Did you climb Mt. Fuji?
ヒル先生　本当？　富士山に登ったの？

Saki : Yes, I did. I made it to the top!
はい。頂上までたどり着きました！

Mr. Hill : Wonderful!
すばらしい！

Saki : What did you do last weekend?
先生は先週末何をしましたか。

Mr. Hill : I played tennis.
私はテニスをしたよ。

I had a great time.
楽しい時間を過ごしたよ。

★今夜のおさらい

過去のことを言うときは，動詞を過去形にします。過去形は動詞の語尾に**ed**または**d**をつけて作りますが，不規則に変化する動詞もあるので注意しましょう。

- go（行く）→ **went**
- come（来る）→ **came**
- do（する）→ **did**
- get（手に入れる）→ **got**

一般《いっぱん》動詞の過去の疑問文は**Did**で文を始めます。あとの動詞は原形にします。

答えるときもdidを使うよ。

疑問詞のある過去の疑問文は，疑問詞のあとに過去の疑問文を続けます。

例 **Where** did you go yesterday?

（あなたは昨日どこに行きましたか。）

When did he come here?

（彼《かれ》はいつここに来ましたか。）

寝る前にもう一度

- I went to Mt. Fuji last weekend.
- Did you climb Mt. Fuji? – Yes, I did.
- What did you do last weekend? – I played tennis.

12. be動詞／過去進行形：「何をしていましたか」

□ 月 日
□ 月 日

★今夜のお話

Mike：It snowed last night.
マイク　昨夜は雪が降ったね。

It was very cold.
とても寒かったよ。

What were you doing last night?
きみは昨日の夜は何をしていたの？

Saki：I was watching a movie at home.
サキ　家で映画を見ていたわ。

It was about deep-sea creatures.
深海の生物の話だったわ。

Mike：How was it?
どうだった？

Saki：It was interesting.
おもしろかったよ。

I enjoyed it a lot.
すごく楽しかったわ。

★今夜のおさらい

「～だった」と過去のことを表すときは，**be**動詞の過去形を使います。**am**や**is**は**was**に，**are**は**were**になります。

例 **I was tired yesterday.**
（私は昨日疲《つか》れていました。）

Were you busy last night?
— No, I wasn't.
（あなたは昨夜忙《いそが》しかったですか。—いいえ。）

文の作り方は，現在形のときと同じだね。

〈**was/were**＋動詞の**ing**形〉は「～していた」という過去進行形の意味を表します。**What were you doing?**で，「あなたは何をしていましたか。」とたずねる言い方になります。

例 **I was studying English then.**
（私はそのとき英語を勉強していました。）

They were running.（彼《かれ》らは走っていました。）

寝る前にもう一度

- It was very cold.
- What were you doing last night?
- I was watching a movie at home.

★今夜のお話

Saki : Oh, I'm hungry. I want to eat
サキ ああ，おなかが空いたわ。 何か食べたいな。

something.

Mike : Saki, are there any coffee shops
マイク サキ，この近くに喫茶《きっさ》店はあるの？

near here?

Saki : I don't know. Mike, look! ★ There is
わからないわ。 マイク，見て！ 向こうに

a coffee shop over there.
喫茶店があるわ。

☾ It looks nice.
よさそうよ。

Mike : Yes. Let's go.
そうだね。行ってみよう。

Saki : Wow, everything looks
わあ，みんなおいしそう。

delicious. I can't decide.
決められないな。

★今夜のおさらい

There is ～.や **There** are ～.は「～がある」「～がいる」という意味です。**be**動詞のあとの名詞が単数か複数かに合わせて，**is**と**are**を使い分けます。

例 **There** **is** a big park near my house.

（私の家の近くに大きな公園があります。）

There **are** some students in the gym.

（体育館には何人か生徒がいます。）

There is/areのあとは，my ～やthe ～のような「特定のもの」は続かない。だから There is my bag. なんて言わないんだ。

lookはすぐあとに形容詞がくると，「～に見える」という意味になります。**sound**（～に聞こえる）なども同じ形の文を作ります。

例 You **look** happy.

（あなたはうれしそうに見えます。）

look at ～（～を見る）と区別しよう。

寝る前にもう一度

There is a coffee shop over there.

It looks nice.

★今夜おぼえること

✪減法《げんぽう》は，ひく数の符号《ふごう》を変えて，加法《かほう》になおして計算。

減法を加法に

例　$(-5)-(-4)=(-5)+(+4)=-1$

符号を変える

☾2数の積・商の符号 ｛同符号→＋　異符号→－

同符号

例　$(-3)\times(-6)=+(3\times 6)=+18$

絶対値《ぜったいち》の積

異符号

$(-8)\div(+2)=-(8\div 2)=-4$

絶対値の商

$(-3)\times(-4)\times(-5)$

$=-(3\times 4\times 5)$

$=-60$

3つ以上の数の積の符号は，負《ふ》の数が偶数個《ぐうすうこ》ならば＋奇数個《きすうこ》ならば－だよ。

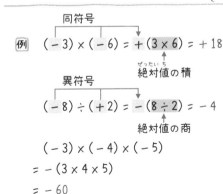

★今夜のおさらい

同じ符号《ふごう》の2つの数の和は，絶対値の和に，共通の符号をつけます。異なる符号の2つの数の和は，絶対値の差に，絶対値の大きいほうの符号をつけます。

減法は，ひく数の符号を変えて，加法になおして計算します。

例　$(-2)+(-7)=-(2+7)=-9$

$(+3)+(-8)=-(8-3)=-5$

$(-6)-(+4)=(-6)+(-4)=-10$

同じ符号の2つの数の積や商の符号は＋，異なる符号の2つの数の積や商の符号は－になります。

また，乗除《じょうじょ》の混じった計算は，わる数の逆数《ぎゃくすう》をかけて，乗法《じょうほう》だけの式になおして計算します。

例　$(-2)\div\frac{3}{4}\times(-6)=(-2)\times\frac{4}{3}\times(-6)=+16$

寝る前にもう一度

- 減法は，ひく数の符号を変えて，加法になおして計算。
- 2数の積・商の符号…同符号→＋，異符号→－

★今夜おぼえること

四則《しそく》の混じった計算は，

（　）の中・累乗《るいじょう》→×・÷

→＋・－の順に計算。

例　$12+(7-9)\times(-3)^2$

$=12+(-2)\times 9$　←（　）の中・累乗

$=12+(-18)$　← 乗法

$=-6$　← 加法

$(-3)^2$ は -3 を2個かけ合わせたものだよ。

分配法則《ぶんぱいほうそく》▶ $(a+b)\times c=a\times c+b\times c$

$(a+b)\times c$ の ① $a\times c$ ② $b\times c$

分配法則を使うと，計算がカンタンになる場合がある。

例　$\left(\frac{1}{8}+\frac{5}{6}\right)\times(-24)$

$=\frac{1}{8}\times(-24)+\frac{5}{6}\times(-24)$

$=-3+(-20)$

$=-23$

分数×整数＝整数になるときは，分配法則を利用しよう。

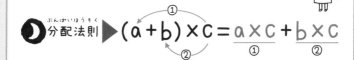

★今夜のおさらい

☆四則の混じった式は，次の①～③の順に計算します。

①（　）の中・累乗《るいじょう》

②乗法・除法

③加法・減法

$$20-(5-8)\times(-2)^3$$

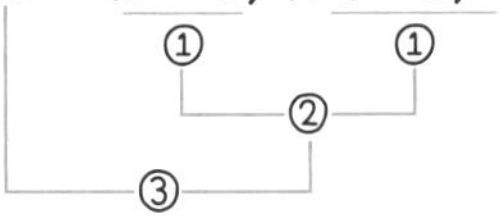

累乗では，次の計算のちがいに注意します。

例　$(-3)^2=(-3)\times(-3)=+9$

　　$-3^2=-(3\times3)=-9$

☽次の計算法則を，分配法則といいます。

$$(a+b)\times c=a\times c+b\times c$$

$$c\times(a+b)=c\times a+c\times b$$

また，分配法則は，逆向きにも使えます。

例　$28\times3.14+72\times3.14$

$=(28+72)\times3.14$

$=100\times3.14$

$=314$

$a\times c+b\times c=(a+b)\times c$ を利用

寝る前にもう一度

☆四則の混じった計算は，（　）の中・累乗→×・÷→＋・－の順に計算。

☽分配法則▶$(a+b)\times c=a\times c+b\times c$

★今夜おぼえること

✪加法だけの式で，＋で結ばれた１つ１つが項《こう》，文字をふくむ項の数の部分が係数《けいすう》。

例 $4x-7y+2=4x+(-7y)+2$ だから，
項は，$4x$，$-7y$，2。x の係数は 4，y の係数は -7

☾文字の部分が同じ項は，$mx+nx=(m+n)x$ を使って，１つの項にまとめられる。

例 $3x+5x=(3+5)x=8x$
↑
係数どうしの和

$(6a+2)-(4a+5)$
$=6a+2-4a-5$
$=6a-4a+2-5$
$=2a-3$

－（　）は，各項の符号《ふごう》を変えてかっこをはずす

＋（　）は，そのままかっこをはずせばいいよ。

★今夜のおさらい

⭐項《こう》を求めるには，式を加法だけの式になおします。

（項）

$$4x-7y+2=4x+(-7y)+2$$

（係数）

次のような項の係数は，まちがえやすいので注意しましょう。

例　x の係数→ 1 ，$-y$ の係数→ -1 ，$\frac{a}{5}$ の係数→ $\frac{1}{5}$

🌙文字の部分が同じ項は，係数 どうしを計算して 1 つにまとめることができます。

かっこのある式の計算は，かっこをはずし，文字の部分が同じ項，数の項をそれぞれまとめます。

例　$(3x-7)-(9x-2)$

$=3x-7\ -9x+2$

$=3x\ -9x\ -7\ +2$

$=-6x-5$

● －（　）のかっこのはずし方

$-(a+b)=-a-b$

$-(a-b)=-a+b$

寝る前にもう一度

⭐加法だけの式で，＋で結ばれた 1 つ 1 つが項，文字をふくむ項の数の部分が係数。

🌙文字の部分が同じ項は，$mx+nx=(m+n)x$ を使って，1 つの項にまとめられる。

4．文字と式：文字式の乗除

□　月　日
□　月　日

★今夜おぼえること

項《こう》が１つの式と数との乗法

▶数どうしの積に文字をかける。

項が１つの式と数との除法

▶わる数を逆数にしてかける。

例　$3a \times 8 = 3 \times 8 \times a = 24a$

数どうしの積

$6b \div \frac{3}{4} = 6b \times \frac{4}{3} = 6 \times \frac{4}{3} \times b = 8b$

逆数にしてかける

項が２つの式と数との乗法は，分配法則を使う。

例　$3(2x + 5) = 3 \times 2x + 3 \times 5 = 6x + 15$

除法は，逆数を使って乗法になおして計算する。

例　$(6y + 4) \div \frac{2}{5} = (6y + 4) \times \frac{5}{2} = 6y \times \frac{5}{2} + 4 \times \frac{5}{2} = 15y + 10$

★今夜のおさらい

✪項《こう》が１つの式と数との乗法は，数どうしの積を求め，それに**文字**をかけます。

除法は，わる数を逆数にして**乗法**になおして計算するか，**分数**の形にして数どうしを約分します。

例　$30x \div (-5) = 30x \times \left(-\frac{1}{5}\right) = 30 \times \left(-\frac{1}{5}\right) \times x = -6x$

（$\times \left(-\frac{1}{5}\right)$ ← 逆数をかける）

$30x \div (-5) = \frac{30x}{-5} = -6x$

（$\frac{30x}{-5}$ ← 分数の形にして約分）

◐項が２つの式と数との乗法は，**分配法則**を使って，かっこの外の数をかっこの中のすべての項にかけます。

例　$-4(3x-7)$

$= (-4) \times 3x + (-4) \times (-7)$

$= -12x + 28$

かける数が負の数のときは，符号《ふごう》に注意してかっこをはずそうね。

寝る前にもう一度

- ✪項が１つの式と数との乗法▶数どうしの積に文字をかける。
- 　項が１つの式と数との除法▶わる数を逆数にしてかける。
- ◐項が２つの式と数との乗法は，分配法則を使う。

★今夜おぼえること

☆ 1《いち》次《じ》方程式《ほうていしき》は，移項《いこう》して $ax=b$ の形に整理して解《と》く。

例　$5x-2=3x+6$

文字の項を左辺に，数の項を右辺に移項

$5x-3x=6+2$

$ax=b$ の形に整理

$2x=8$

両辺を x の係数 a でわる

$x=4$

☽ 係数に小数や分数がある方程式は，係数を整数になおす。

例　$0.7x+0.8=0.6x-1$

両辺に10をかけて，$(0.7x+0.8)\times 10=(0.6x-1)\times 10$

よって，$7x+8=6x-10$　これを解くと，$x=-18$

例　$\frac{1}{3}x+9=\frac{3}{2}x-5$

両辺に6をかけて，$\left(\frac{1}{3}x+9\right)\times 6=\left(\frac{3}{2}x-5\right)\times 6$

よって，$2x+54=9x-30$

これを解くと，$-7x=-84$，$x=12$

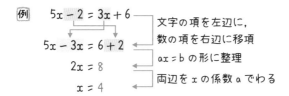

★今夜のおさらい

等式《とうしき》の一方の辺にある項《こう》を，その項の符号《ふごう》を変えて，他方の辺に移すことを移項といいます。

例 $2x+3=7$

移項

$2x=7-3$

符号が変わる

基本的な方程式の解き方は，次のようになります。

①文字の項を左辺に，数の項を右辺に移項。

② $ax=b$ の形に整理。

③両辺を x の係数 a でわる。

例 $6x+7=x-8$

$6x-x=-8-7$ ①

$5x=-15$ ②

$x=-3$ ③

係数に小数がある方程式は，両辺に10，100，…をかけて，係数を整数にします。

係数に分数がある方程式は，両辺に分母の最小公倍数をかけて，係数を整数にします。これを分母をはらうといいます。

寝る前にもう一度

- 1次方程式は，移項して $ax=b$ の形に整理して解く。
- 係数に小数や分数がある方程式は，係数を整数になおす。

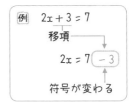

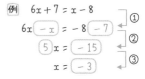

数学

★今夜おぼえること

速さの問題 ▶ 速さ＝道のり÷時間

（時間＝道のり÷速さ，道のり＝速さ×時間）

代金の問題 ▶ 代金＝1個の値段×個数

例1　x kmの道のりを行きは時速4 kmで歩き，帰りは時速3 kmで歩き，全体で3時間30分かかった。

時間の関係から，$\frac{x}{4}+\frac{x}{3}=3\frac{30}{60}$ ←時間の単位で表す

（$\frac{x}{4}$：行きの時間　$\frac{x}{3}$：帰りの時間）

例2　50円と80円のシールを合わせて12枚買ったら，代金の合計が750円だった。50円のシールをx枚買ったとすると，80円のシールは$12-x$（枚）だから，

$50x+80(12-x)=750$

（$50x$：50円のシールの代金　$80(12-x)$：80円のシールの代金）

a：b＝m：n ならば an＝bm

例　$x:16=3:4$ で，xの値を比例式《ひれいしき》の性質を使って求めると，$\underset{①}{4x}=\underset{②}{16\times3}$，$4x=48$，$x=12$

（① x と 4，② 16 と 3）

★今夜のおさらい

速さの問題では，右の図の関係を利用します。

また，代金の問題では，代金＝1個の値段×個数を利用します。

前ページの 例1 の方程式を解くと，両辺を12倍して，

$3x+4x=42$，$7x=42$，$x=6$　道のりは6km

この解《かい》は問題にあっている。←道のりは正の数

前ページの 例2 の方程式を解くと，

$50x+960-80x=750$，$-30x=-210$，$x=7$

したがって，50円のシールは7枚。

また，80円のシールは，$12-7=5$（枚）

この解は問題にあっている。←枚数は自然数

比例式 $a:b=m:n$ は，比が等しいことを表す式で，次の性質があります。

$a:b=m:n$ ならば $an=bm$

寝る前にもう一度

速さの問題▶速さ＝道のり÷時間

（時間＝道のり÷速さ，道のり＝速さ×時間）

代金の問題▶代金＝1個の値段×個数

$a:b=m:n$ ならば $an=bm$

7. 比例と反比例：比例

□　月　日
□　月　日

★今夜おぼえること

比例《ひれい》の式 ▶ $y = ax$ ($a \neq 0$) aは比例定数《ていすう》

例　yはxに比例し，$x = 3$のとき$y = -12$である場合，比例定数をaとすると，$y = ax$とおける。この式に$x = 3$，$y = -12$を代入して，

$$-12 = a \times 3$$

$$a = -4$$

したがって，式は，$y = -4x$

比例のグラフ ▶ 原点《げんてん》を通る直線。

$a > 0$

右上がりの直線

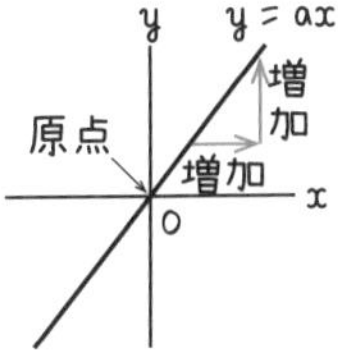

$a < 0$

右下がりの直線

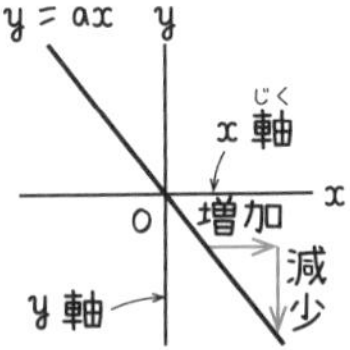

比例のグラフから式を求める方法

①グラフが通る点のうち，x座標《ざひょう》，y座標がともに整数である点を見つける。

②①の点のx座標，y座標の値を$y = ax$に代入して，aの値を求める。

★今夜のおさらい

🌟 y が x の関数《かんすう》で，式が $y=ax$ で表されるとき，y は x に比例するといいます。

また，a を 比例定数 といいます。

比例の性質には，次の2つがあります。

① x の値が2倍，3倍，…になると，y の値も 2 倍，3 倍，…になる。

② $x \neq 0$ のとき，商 $\frac{y}{x}$ の値は一定で，比例定数 a に等しい。

$$\frac{y}{x} = a$$

🌙 $y=ax$ のグラフは，原点 を通る 直線 です。グラフをかくには，原点 と原点以外のもう1点を通る 直線 をひきます。

例　$y=3x$ のグラフのかき方

$x=1$ のとき $y=$ 3

したがって，原点 と

点（1，3）を通る直線

をひく。

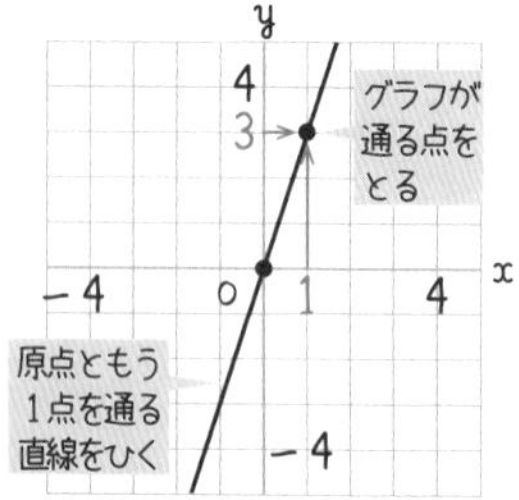

💤 寝る前にもう一度

🌟 比例の式▶ $y=ax$ $(a \neq 0)$　a は比例定数

🌙 比例のグラフ▶原点を通る直線。

8．比例と反比例：反比例

□　月　日
□　月　日

★今夜おぼえること

反比例《はんぴれい》の式 ▶ $y=\dfrac{a}{x}$ $(a \neq 0)$ aは比例定数

例　yはxに反比例し，$x=2$のとき$y=3$である場合，比例定数をaとすると，$y=\dfrac{a}{x}$とおける。この式に$x=2$，$y=3$を代入して，

$3=\dfrac{a}{2}$，$a=6$

したがって，式は，$y=\dfrac{6}{x}$

反比例の式は，
$xy=a$
と表すこともできるよ。

反比例のグラフ ▶ **双曲線《そうきょくせん》**

$a>0$

ⅠとⅢの部分にある。

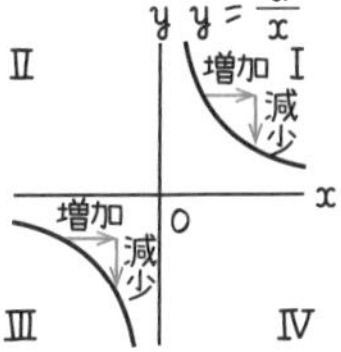

$a<0$

ⅡとⅣの部分にある。

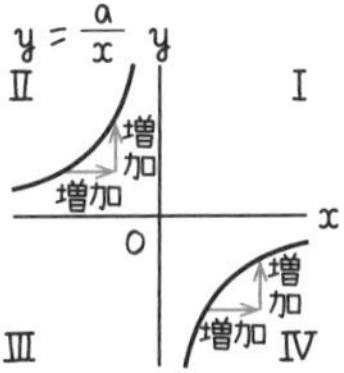

反比例のグラフから式を求める方法

①グラフが通る点の座標を読みとる。

②①の点のx座標，y座標の値を$y=\dfrac{a}{x}$に代入して，aの値を求める。

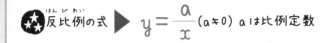

★今夜のおさらい

✪ y が x の関数で，式が $y=\frac{a}{x}$ で表されるとき，y は x に反比例するといいます。

また，a を 比例定数 といいます。

反比例の性質には，次の 2 つがあります。

① x の値が 2 倍，3 倍，…になると，y の値は $\frac{1}{2}$ 倍，$\frac{1}{3}$ 倍，…になる。

② 積 xy の値は一定で，比例定数 a に等しい。

☽ $y=\frac{a}{x}$ のグラフは，双曲線《そうきょくせん》とよばれる 2 つのなめらかな曲線になります。

● $y=\frac{a}{x}$ のグラフのかき方

①対応する x，y の値を求める。

②それらの値の組を 座標 とする点をとる。

③とった点をなめらかな2つの 曲線 で結ぶ。

双曲線は，
x 軸《じく》，y 軸
とは交わら
ないよ。

寝る前にもう一度

✪ 反比例の式 ▶ $y=\frac{a}{x}$ $(a \neq 0)$　a は比例定数

☽ 反比例のグラフ ▶ 双曲線

★今夜おぼえること

円周の長さ ▶ $\ell = 2\pi r$

円の面積 ▶ $S = \pi r^2$

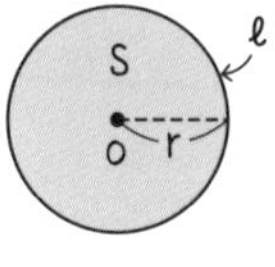

例　右の図の円周の長さは，

$2\pi \times 6 = 12\pi$ (cm)

面積は，$\pi \times 6^2 = 36\pi$ (cm²)

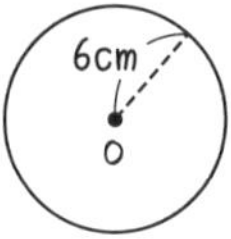

おうぎ形《がた》の弧《こ》の長さ ▶ $\ell = 2\pi r \times \frac{a}{360}$

おうぎ形の面積 ▶ $S = \pi r^2 \times \frac{a}{360}$

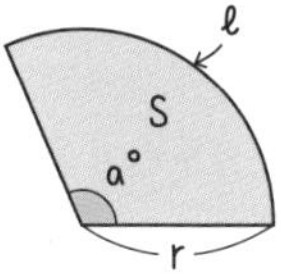

例　右の図のおうぎ形の弧の長さは，

$2\pi \times 8 \times \frac{225}{360} = 10\pi$ (cm)

面積は，$\pi \times 8^2 \times \frac{225}{360} = 40\pi$ (cm²)

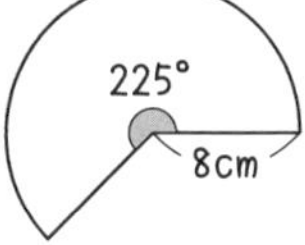

おうぎ形の面積は，
弧の長さと半径から
求めることもできるよ。

$S = \frac{1}{2}\ell r$

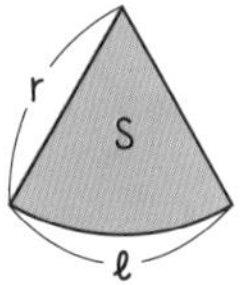

★今夜のおさらい

点Oを中心とする円を円Oといいます。

円周上の2点A，Bを結ぶ線《せん》分《ぶん》を**弦《げん》AB**といいます。AからBまでの円周の部分を**弧《こ》AB**といい，**$\overset{\frown}{AB}$**と表します。

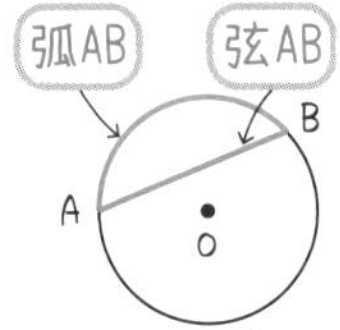

円の周のことを円周といったね。

円の弧の両端《りょうたん》を通る2つの半径とその弧で囲まれた図形を**おうぎ形**といい，2つの半径のつくる角を**中心角《ちゅうしんかく》**といいます。

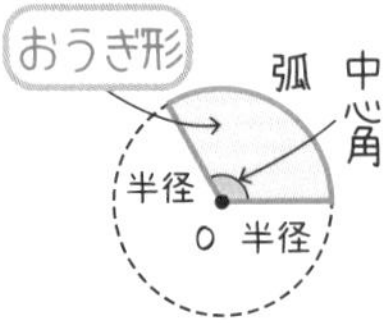

また，1つの円では，おうぎ形の弧の長さや面積は，中心角の大きさに**比例**します。

例　右のおうぎ形の中心角の大きさは，

$$360° \times \frac{\overset{\frown}{AB}\text{の長さ}}{\text{円Oの円周}} = 360° \times \frac{6\pi}{2\pi \times 9}$$

$$= 120°$$

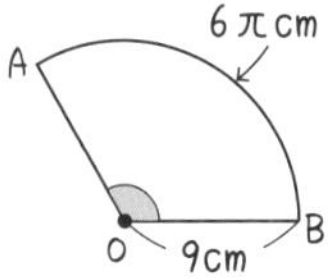

寝る前にもう一度

- 円周の長さ▶ $\ell = 2\pi r$，円の面積▶ $S = \pi r^2$
- おうぎ形の弧の長さ▶ $\ell = 2\pi r \times \frac{a}{360}$，面積▶ $S = \pi r^2 \times \frac{a}{360}$

10. 空間図形：立体の表面積と体積

□ 月 日
□ 月 日

★今夜おぼえること

角柱・円柱の表面積《ひょうめんせき》 ▶ 側面積《そくめんせき》＋底面積《ていめんせき》×2

角錐《かくすい》・円錐《えんすい》の表面積 ▶ 側面積＋底面積

例　右の図の三角柱で，

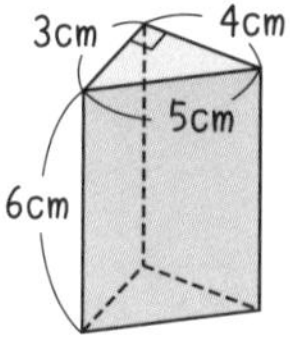

側面積は，$6 \times (3+4+5) = 72$ (cm^2)

高さ↑　　↑底面の周の長さ

底面積は，$\frac{1}{2} \times 3 \times 4 = 6$ (cm^2)

表面積は，$72 + 6 \times 2 = 84$ (cm^2)

側面積↑　　↑底面積

角柱や円柱の側面の展開図は長方形になるよ。

角柱・円柱の体積 ▶ $V = Sh$

角錐・円錐の体積 ▶ $V = \frac{1}{3}Sh$

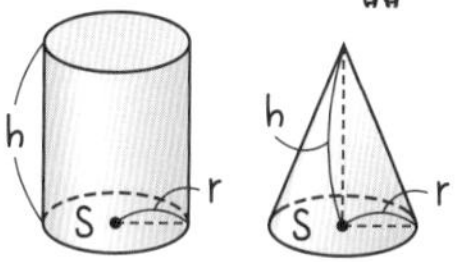

円柱の体積　$V = \pi r^2 h$

円錐の体積　$V = \frac{1}{3}\pi r^2 h$

例　右の図の円錐の体積は，

$\frac{1}{3} \times \pi \times 4^2 \times 9 = 48\pi$ (cm^3)

底面積↑　高さ↑

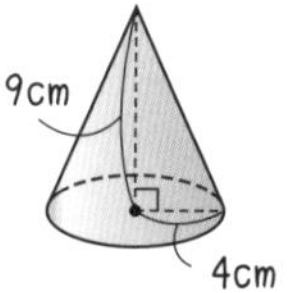

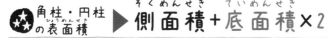

★今夜のおさらい

立体のすべての面の面積の和を表面積といいます。また、側面全体の面積を側面積、1つの底面の面積を底面積といいます。

円錐《えんすい》の側面積は展開図のおうぎ形の面積、底面積は展開図の円の面積です。

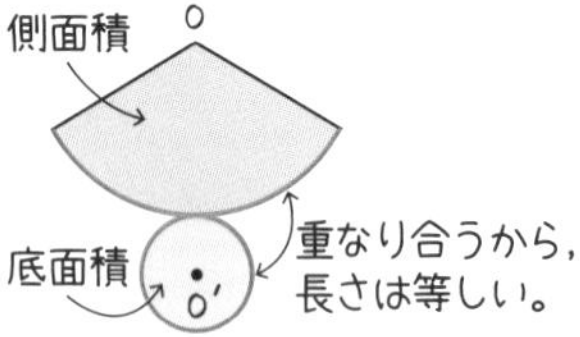

角錐や円錐の体積は、底面積と高さが等しい角柱や円柱の体積の $\frac{1}{3}$ になります。

また、半径 r の球の表面積を S、体積を V とすると、

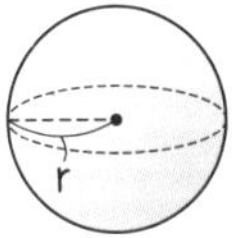

$$S = 4\pi r^2,\quad V = \frac{4}{3}\pi r^3$$

寝る前にもう一度

- 角柱・円柱の表面積▶側面積＋底面積×2
- 角錐・円錐の表面積▶側面積＋底面積
- 角柱・円柱の体積▶ $V = Sh$
- 角錐・円錐の体積▶ $V = \frac{1}{3}Sh$

数学

★今夜おぼえること

相対度数《そうたいどすう》＝$\dfrac{\text{その階級の度数}}{\text{度数の合計}}$

例　右の度数分布表で，10分以上15分未満の階級の相対度数は，

$\dfrac{8}{25}=0.32$

最も度数が少ない階級の相対度数は，$\dfrac{3}{25}=0.12$

また，各階級の相対度数の合計は1になる。

通学時間

階級(分)	度数(人)
以上　未満	
5 ～ 10	5
10 ～ 15	8
15 ～ 20	9
20 ～ 25	3
合　計	25

ある階級までの度数の合計が累積度数《るいせきどすう》，相対度数の合計が累積相対度数。

例　上の度数分布表で，次の階級までの累積度数は，

10分以上15分未満の階級まで→5＋8＝13（人）

15分以上20分未満の階級まで→13＋9＝22（人）

20分以上25分未満の階級まで→22＋3＝25（人）

★今夜のおさらい

✪度数分布表で，各階級の度数の，度数の合計に対する（割合）を，**相対度数**といいます。

相対度数は，全体の度数がちがうデータを比べるときに使われるよ。

◐最初の階級から，ある階級までの（度数）の合計を**累積《るいせき》度数《どすう》**，（相対度数）の合計を**累積相対度数**といいます。

例　通学時間

階級(分)	度数(人)	相対度数	累積度数(人)	累積相対度数
以上　未満				
5 ～ 10	4	0.20	4	0.20
10 ～ 15	9	0.45	13	0.65
15 ～ 20	5	(0.25)	(18)	(0.90)
20 ～ 25	2	0.10	20	1.00
合　計	20	1.00		

$\frac{4}{20}$　　4＋(9)　　0.20＋(0.45)

寝る前にもう一度

✪相対度数＝$\frac{\text{その階級の度数}}{\text{度数の合計}}$

◐ある階級までの度数の合計が累積度数，相対度数の合計が累積相対度数。

1．生物：生物の観察

□　月　日
□　月　日

★今夜おぼえること

ピントを合わせるときは，近づけてから遠ざける。

▲ステージ上下式顕《けん》微《び》鏡《きょう》

対物レンズとプレパラートがぶつからないようにね。

ミドリムシは緑色なのに動く。

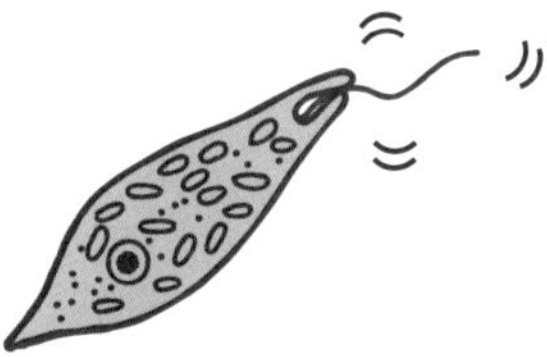

▲ミドリムシ

水中の緑色の小さな生物のほとんどは動かないけど，ミドリムシは緑色なのに動くよ。

★今夜のおさらい

顕微鏡を使うときは水平なところに置き，レンズは接眼レンズ，対物レンズの順にとりつけます。顕微鏡のピントを合わせるときは，まず，横から見ながら対物レンズとプレパラートを近づけます。その後，接眼レンズをのぞいて，対物レンズとプレパラートを遠ざけながらピントを合わせます。

水中の小さな生物

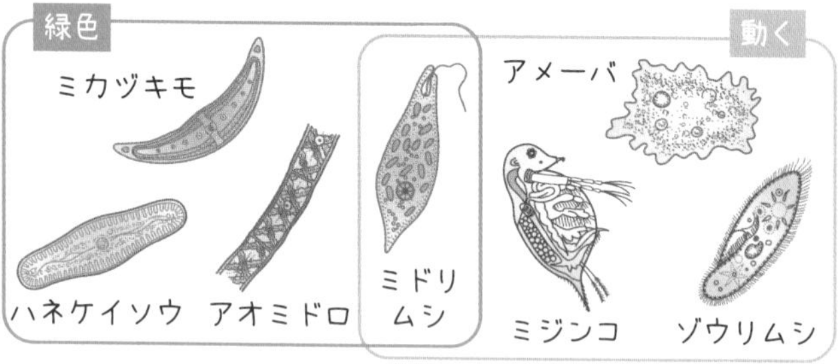

寝る前にもう一度

- ピントを合わせるときは，近づけてから遠ざける。
- ミドリムシは緑色なのに動く。

2．生物：植物のからだのつくり①

□　月　日
□　月　日

★今夜おぼえること

アブラナは包まれ，

マツははだか。

〈被子植物《ひししょくぶつ》〉

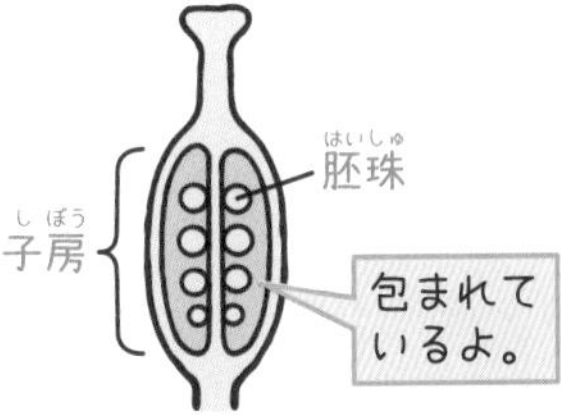

▲アブラナ

〈裸子植物《らししょくぶつ》〉

▲マツ

花弁《かべん》がくっつくのは合弁花《ごうべんか》，

花弁が離れるのは離弁花《りべんか》。

〈 合弁花 〉

〈 離弁花 〉

合弁花類では
アサガオ，ツツジ，
離弁花類では
サクラ，アブラナだ。

★今夜のおさらい

被子植物は，**胚珠**が**子房**に包まれていて，果実ができます。裸子植物は，子房がなく，**胚珠**がむき出しになっています。

〈被子植物〉

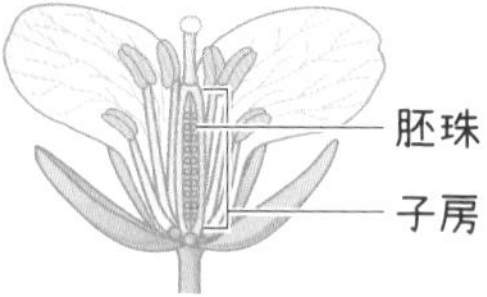

▲アブラナ

〈裸子植物〉

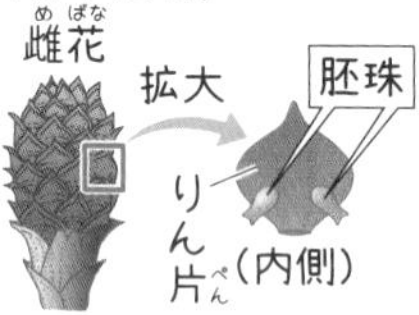

▲マツ

花弁がつながっている花を**合弁花**，1枚ずつ離れた花を**離弁花**といいます。

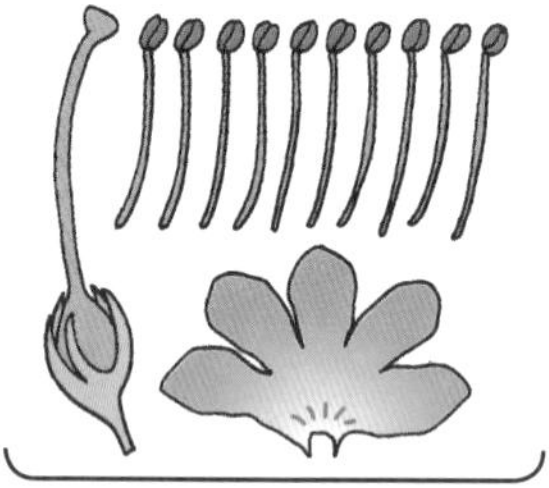

▲ツツジ　5枚の花弁がもとの部分でつながっている。

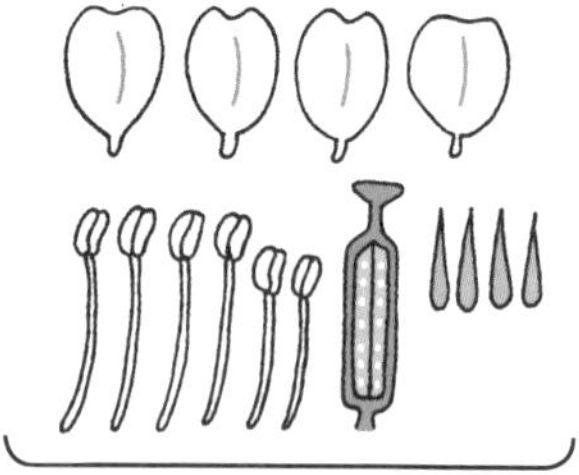

▲アブラナ　4枚の花弁は1枚1枚とりはずせる。

寝る前にもう一度

- アブラナは包まれ，マツははだか。
- 花弁がくっつくのは合弁花，花弁が離れるは離弁花。

★今夜おぼえること

🌟ゴロ合わせ 葉を2枚子葉《しよう》中です。

▲子葉《しよう》が2枚（双子葉類《そうしようるい》）

🌙葉脈《ようみゃく》は，

単《たん》は平行，双《そう》は網目《あみめ》。

〈単子葉類《たんしようるい》〉

〈双子葉類《そうしようるい》〉

単子葉類の葉脈は平行，双子葉類の葉脈は網目状。

★今夜のおさらい

★花が咲《さ》き果実ができる植物は，子葉《しよう》の数から双子葉類《そうしようるい》と単子葉類《たんしようるい》に分類されます。さらに双子葉類は，花弁《かべん》の形状によって離弁花類《りべんかるい》と合弁花類《ごうべんかるい》に分類されます。

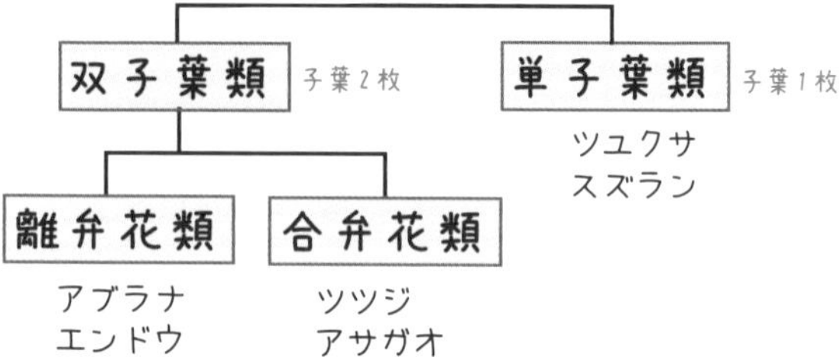

☽単子葉類と双子葉類のちがいをまとめました。

	単子葉類	双子葉類
葉脈	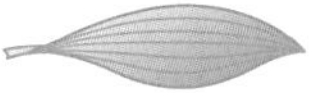 平行	 網目状
茎の維管束（中2）	 ばらばら	 輪状
根	 ひげ根	 主根《しゅこん》・側根《そっこん》

寝る前にもう一度

- ★葉を2枚子葉中です。
- ☽葉脈は，単は平行，双は網目。

★今夜おぼえること

シダとコケは胞子《ほうし》でふえる。

〈シダ植物〉

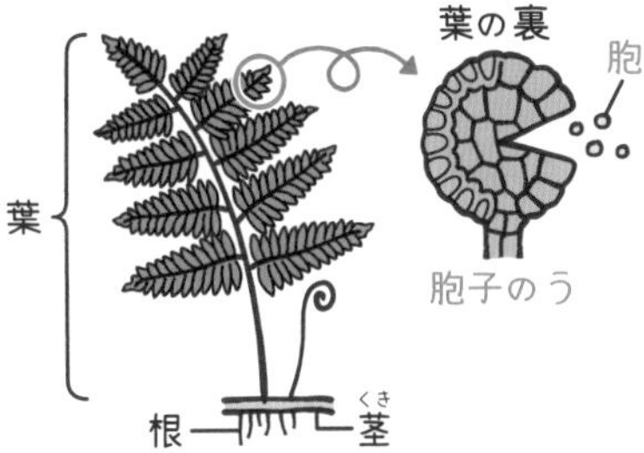

▲イヌワラビ

〈コケ植物〉

▲スギゴケ（雌株《めかぶ》）

ゴロ合わせ ラッシュでまっすぐ

（裸子植物）　（マツ・スギ）

早朝担当。

（双子葉類）（アサガオ）（単子葉類）（トウモロコシ）

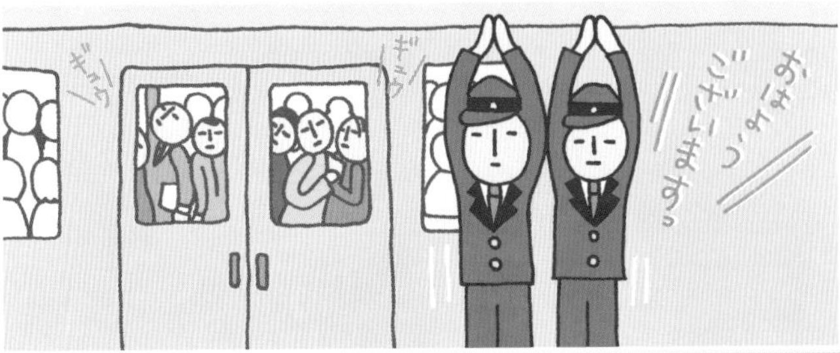

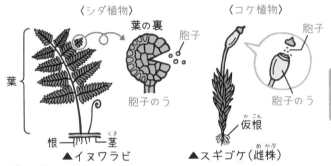

★今夜のおさらい

シダ植物やコケ植物は，種子《しゅし》をつくらず胞子でふえます。シダ植物は根・茎・葉の区別がありますが，コケ植物には根・茎・葉の区別はありません。コケ植物は，からだの表面全体から水を吸収し，仮根はからだを地面に固定する役目をしています。

植物の分類

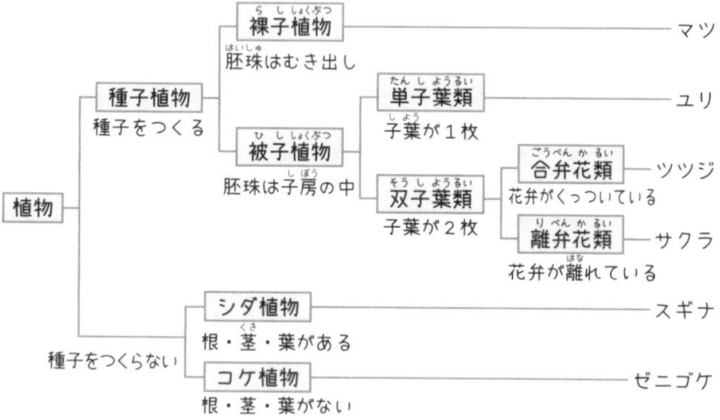

寝る前にもう一度

- シダとコケは胞子でふえる。
- ラッシュでまっすぐ早朝担当。

★今夜おぼえること

背《せ》骨《ぼね》をもつのが脊椎《せきつい》動物。

哺《ほ》乳《にゅう》類・鳥類は外界の温度が変わっても体温が変化しない。

★今夜のおさらい

動物は，背骨をもつ脊椎《せきつい》動物と，背骨をもたない無脊椎動物に分けられます。

- セキツイ動物…ホニュウ類，鳥類，は虫類，両生類，魚類
- 無セキツイ動物…節足《せっそく》動物，軟体《なんたい》動物など

外界の温度変化によって体温がほとんど変化しない動物を恒温《こうおん》動物，体温が変化する動物を変温《へんおん》動物といいます。

セキツイ動物のまとめ

	魚 類	両生類	ハチュウ類	鳥 類	哺乳《ほにゅう》類
子の生まれ方	卵生《らんせい》	卵生	卵生	卵生	胎生《たいせい》
体表	うろこ	しめった皮膚《ひふ》	うろこ	羽毛《うもう》	毛
呼吸器官《こきゅうきかん》	えら	子はえらと皮膚，親は肺《はい》と皮膚	肺	肺	肺
卵《らん》(子)の世話	しない	しない	しない	する	する
なかまの例	マグロ，イワシ，メダカ	カエル，イモリ，サンショウウオ	ワニ，カメ，ヤモリ	スズメ，ハト，ペンギン	イヌ，ネコ，コウモリ
体温	変温	変温	変温	恒温	恒温

寝る前にもう一度

- 背骨をもつのが脊椎動物。
- 哺乳類・鳥類は外界の温度が変わっても体温が変化しない。

6. 化学：物質の性質

□ 月 日
□ 月 日

★今夜おぼえること

こげるのは有機物《ゆうきぶつ》。

電気を通すのは金属。

有機物 炭素をふくむ物質。燃やすと黒くこげて炭になり，二酸化炭素と水を発生。

砂糖，デンプン，バター，木，紙，
ろう，エタノール，プラスチック　など

無機物《むきぶつ》 有機物以外の物質《ぶっしつ》。

食塩，水，ガラス，炭素，二酸化炭素，
水素，酸素　など

炭素をふくんでいるけれど無機物だよ。

金属 金属特有の性質がある。
鉄，アルミニウム，銅，金，銀，マグネシウム　など

金属以外の物質はすべて非金属

密度《みつど》は，し・み・た。

★今夜のおさらい

有機物は加熱すると黒くこげて炭ができ、二酸化炭素と水を発生します。また、金属には次のような特有の性質があります。

金属の性質	・金属光沢《こうたく》がある。 ・電気をよく通す。 ・熱をよく伝える。 ・たたくとうすく広がり，引っぱるとのびる。

注意！「磁石につく」のは鉄の性質。

金属の性質ではないよ。

物質《ぶっしつ》 1 cm³あたりの質量《しつりょう》を密度といい、次の公式で求めることができます。

$$密度〔g/cm^3〕=\frac{質量〔g〕}{体積〔cm^3〕}$$

例　質量22g，体積 2 cm³の物質の密度は？

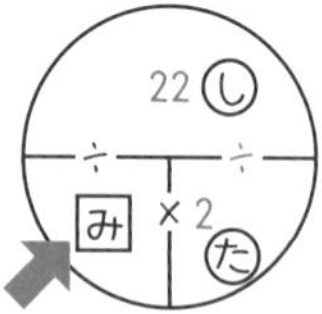

➡みの密度を指でかくすと，

$$\frac{22〔g〕}{2〔cm^3〕}=11〔g/cm^3〕$$

寝る前にもう一度

- こげるのは有機物。電気を通すのは金属。
- 密度は，し・み・た。

★今夜おぼえること

固⇔液⇔気で，

質量《しつりょう》は同じ，体積は変化。

融点《ゆうてん》ではとける，

沸点《ふってん》では沸騰《ふっとう》する。

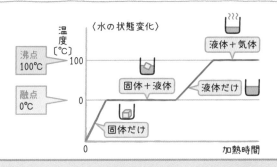

★今夜のおさらい

物質《ぶっしつ》が固体⇔液体⇔気体とすがたを変えることを状態変化《じょうたいへんか》といいます。状態変化では，質量は変化しませんが，体積は変化します。ふつう，固体→液体→気体の順に体積は大きくなりますが，水の場合は例外で，固体→液体（氷→水）のときに，体積は小さくなります。

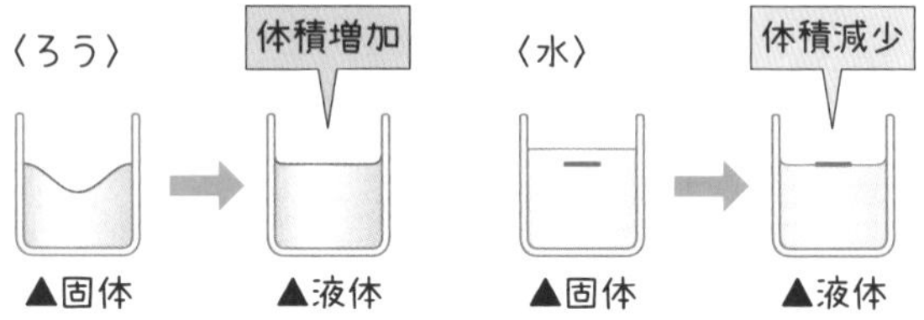

固体がとけて液体になる温度を融点，液体が沸騰して気体になる温度を沸点といいます。純粋《じゅんすい》な物質では，融点と沸点は，物質によって決まっていて，水の場合，融点は0℃，沸点は100℃です。

寝る前にもう一度

固⇔液⇔気で，質量は同じ，体積は変化。

融点ではとける，沸点では沸騰する。

★今夜おぼえること

蒸留《じょうりゅう》は，

液体→気体→また液体。

〈水とエタノールの混合物《こんごうぶつ》の蒸留〉

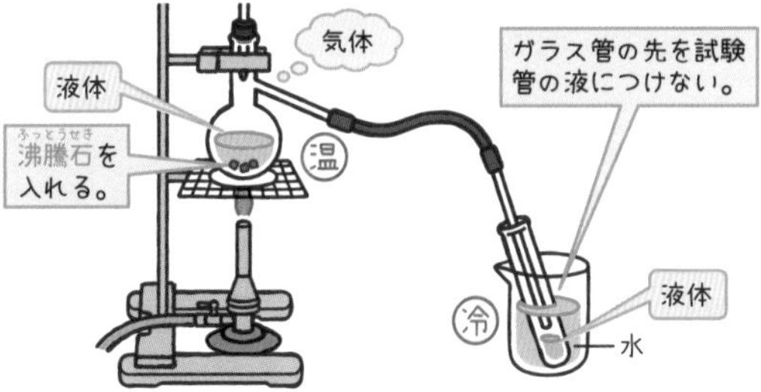
気体
液体
沸騰石《ふっとうせき》を
入れる。
温
ガラス管の先を試験
管の液につけない。
液体
冷
水

下のガス→上の空気。

〈火をつけるとき〉

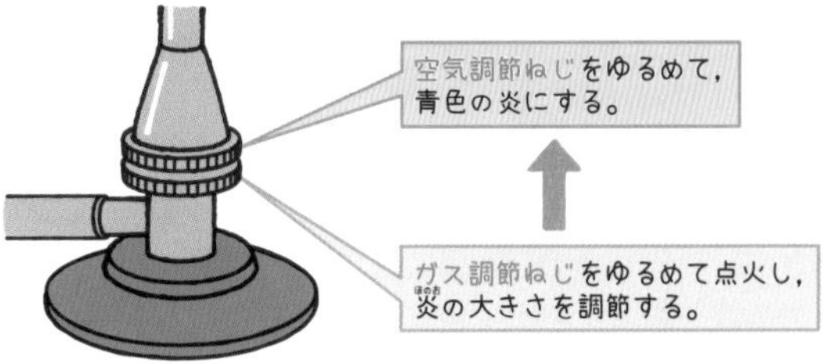
空気調節ねじをゆるめて，
青色の炎にする。
ガス調節ねじをゆるめて点火し，
炎《ほのお》の大きさを調節する。

▲ガスバーナー

★今夜のおさらい

🌟沸点《ふってん》の差を利用して，蒸留によって，液体の混合物を分けることができます。

〈水とエタノールの混合物の蒸留〉

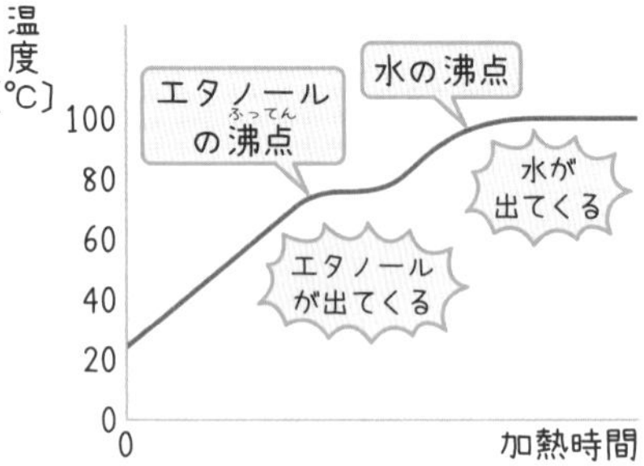

🌙ガスバーナーの火のつけ方

①上下のねじがしまっているかどうかを確かめてから，元栓《もとせん》→コックの順に開く。

②マッチなどの点火装置に火をつけ，ガス調節ねじをゆるめて点火する。

③ガス調節ねじで炎《ほのお》の大きさを調節する。

④空気調節ねじで青色の炎にする。

寝る前にもう一度

🌟蒸留は，液体→気体→また液体。

🌙下のガス→上の空気。

★今夜おぼえること

★★★ ゴロ合わせ マンガ家 母さん 散歩。

（二酸化マンガン）（過酸化水素水）（酸素）

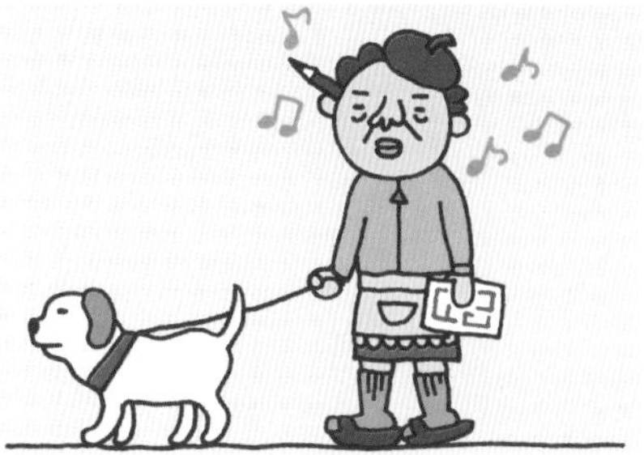

二酸化マンガンにうすい過酸化水素水を加えると酸素が発生するよ。

石《せっ》灰《かい》石《せき》に塩酸で二酸化炭素。

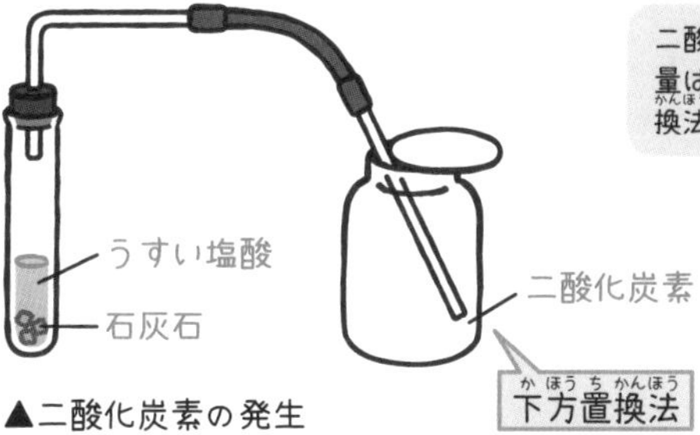

▲二酸化炭素の発生

二酸化炭素が水にとける量は少しなので，水《すい》上《じょう》置《ち》換《かん》法《ほう》でも集められるよ。

★今夜のおさらい

二酸化《にさんか》マンガンにうすい過酸化水素水《かさんかすいそすい》（オキシドール）を加えると**酸素**が発生します。酸素は，無色でにおいがなく，空気より少し密度《みつど》が大きい（重い），水にとけにくいなどの性質があり，ものを燃やすはたらきがあります。

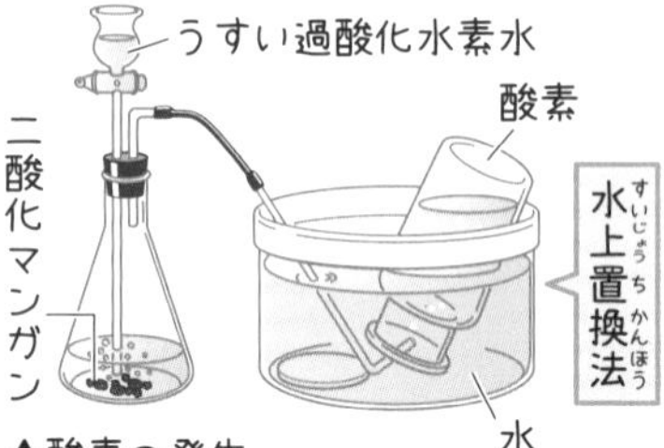

▲酸素の発生

石灰石にうすい塩酸を加えると**二酸化炭素**が発生します。二酸化炭素は，無色でにおいがなく，空気より密度が大きい，水に少しとけ，水溶液《すいようえき》は酸性を示すなどの性質があり，石灰《せっかい》水《すい》に通すと石灰水が**白くにごります**。

寝る前にもう一度

- マンガ家母さん散歩。
- 石灰石に塩酸で二酸化炭素。

★今夜おぼえること

アンモニアは水にとけるとアルカリ性。

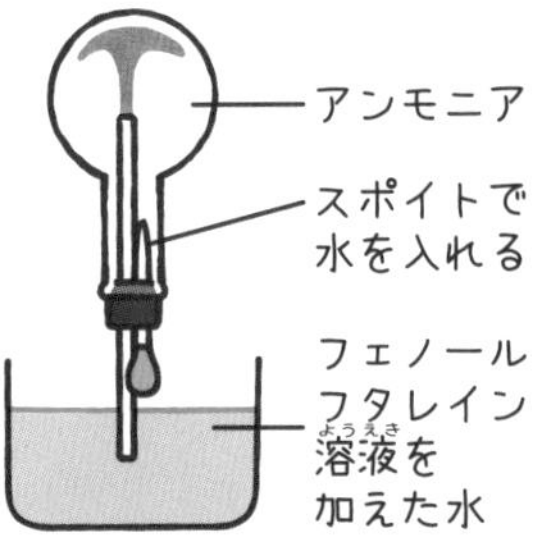

▲アンモニアの噴水実験

スポイトからフラスコに水を入れると，アンモニアが水にとけてフラスコ内の圧力《あつりょく》が下がり，水そうの水が吸い上げられる。フェノールフタレインはアンモニア（アルカリ性）と反応して赤色になるので，赤色の噴水《ふんすい》ができる。

軽さは水素がNo.1！

理科

★今夜のおさらい

塩化アンモニウムと水酸化カルシウムの混《こん》合物《ごうぶつ》を加熱するとアンモニアが発生します。アンモニアは，無色で刺激臭《しげきしゅう》があります。水に非常によくとけ，空気より密度《みつど》が小さい（軽い）ので，上方置換法《じょうほうちかんほう》で集めます。また，水溶液《すいようえき》はアルカリ性を示します。

亜鉛《あえん》や鉄などの金属にうすい塩酸を加えると水素が発生します。水素は，無色でにおいがなく，物質中で最も密度が小さい，水にとけにくいなどの性質があります。火を近づけるとポッと音を立てて燃え，水ができます。

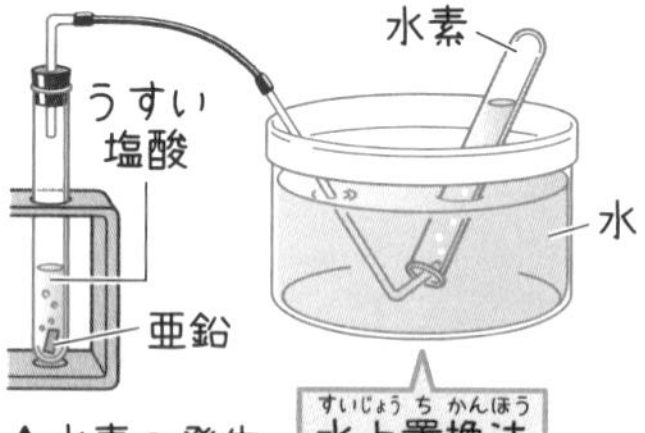

▲水素の発生　水上置換法《すいじょうちかんほう》

寝る前にもう一度

- アンモニアは水にとけるとアルカリ性。
- 軽さは水素がNo. 1！

11. 化学：気体・水溶液

☐ 月 日
☐ 月 日

★今夜おぼえること

酸素と水素は水上《すいじょう》置《ち》換法《かんほう》。

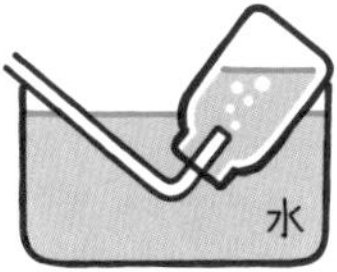

水上置換法

酸素，水素，
二酸化炭素

下方《かほう》置換法

二酸化炭素

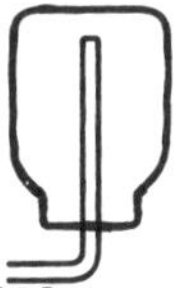

上方《じょうほう》置換法

アンモニア

二酸化炭素は水にとける量は少しなので，
水上置換法でも集められます。

溶質《ようしつ》＋溶媒《ようばい》＝溶液《ようえき》。

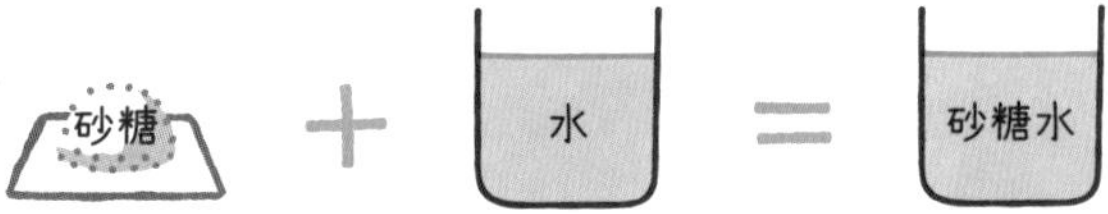

溶質

とかす物質《ぶっしつ》

溶媒

とかす液体

溶液

溶媒が水のときは
水溶液《すいようえき》

★今夜のおさらい

気体の集め方

・**水上置換法**…水にとけにくい気体を集めます。
・**下方置換法**…水にとけやすく，空気よりも密度《みつど》が大きい（重い）気体を集めます。
・**上方置換法**…水にとけやすく，空気よりも密度が小さい（軽い）気体を集めます。

溶質が**溶媒**にとけたものを**溶液**といいます。溶媒が水のときは水溶液といい，水溶液は透明《とうめい》で，濃《こ》さはどの部分も同じです。

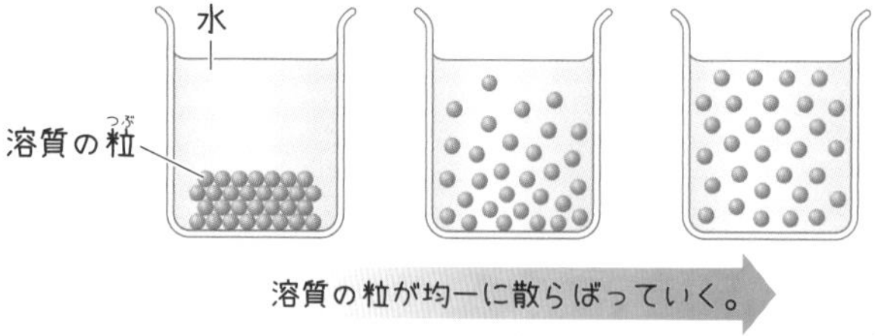
水
溶質の粒《つぶ》
溶質の粒が均一に散らばっていく。

▲溶質がとけるようす

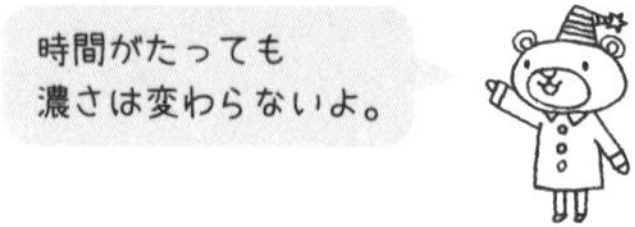
時間がたっても
濃さは変わらないよ。

寝る前にもう一度

- 酸素と水素は水上置換法。
- 溶質＋溶媒＝溶液。

12. 化学：水溶液

□　　月　　日
□　　月　　日

★今夜おぼえること

☆溶解度《ようかいど》＝とける限度量。

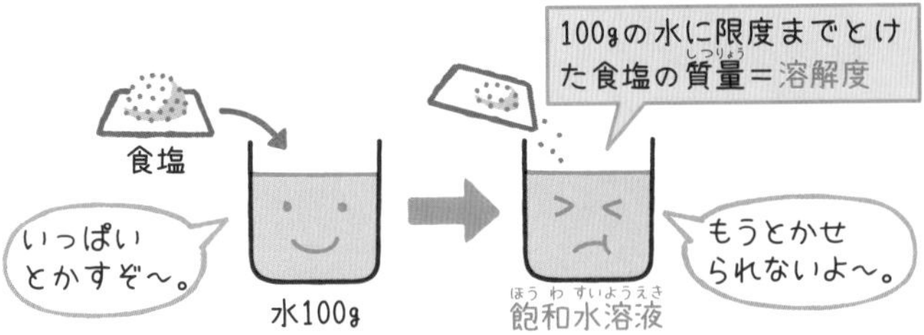

☽再結晶《さいけっしょう》は，冷やすか，蒸発させるか。

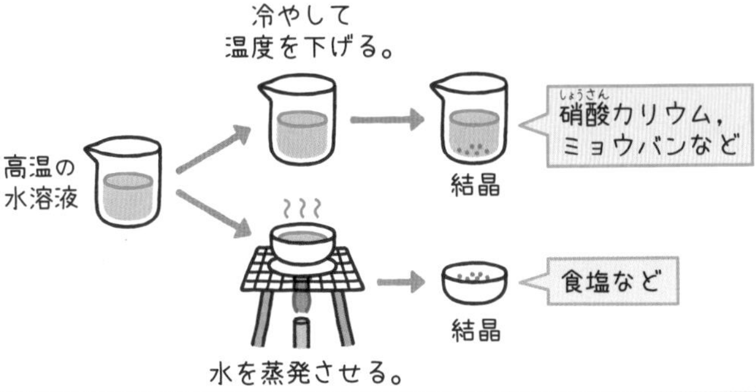

★今夜のおさらい

✪溶質《ようしつ》が水100gにとける限度の質量を**溶解度**といい，溶質が溶解度までとけている水溶液を**飽和水溶液**といいます。多くの固体は，とかす水の温度が高くなるほど溶解度が大きくなります。

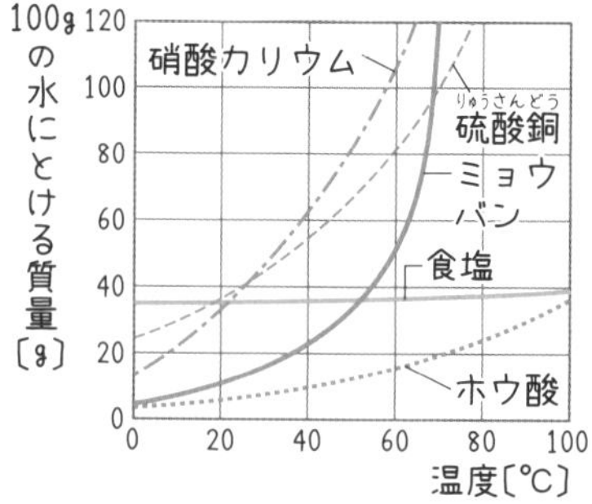

▲いろいろな物質の溶解度

✪物質がとけている水溶液から，再び結晶《けっしょう》としてとり出すことを**再結晶**といいます。温度による溶解度の差が大きい物質《ぶっしつ》は，水溶液を**冷やし**，食塩のように，温度による溶解度の差が小さい物質は，水溶液の水を**蒸発**させてとり出します。

寝る前にもう一度

- ✪溶解度＝とける限度量。
- ☽再結晶は，冷やすか，蒸発させるか。

★今夜おぼえること

空気中の角度が大。

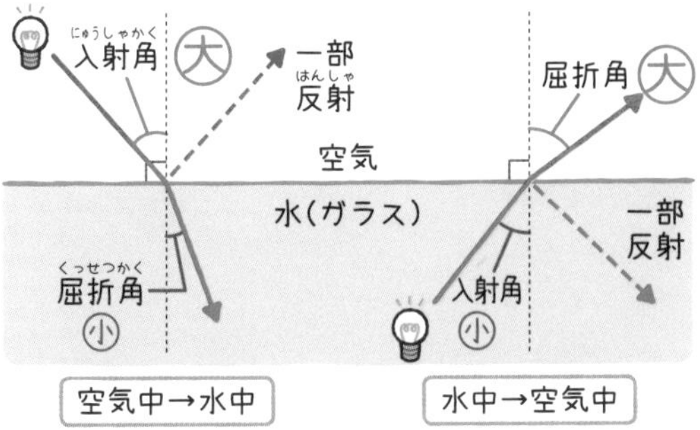

実像《じつぞう》は逆向き、虚像《きょぞう》は大きく同じ向き。

（逆向き→上下左右）

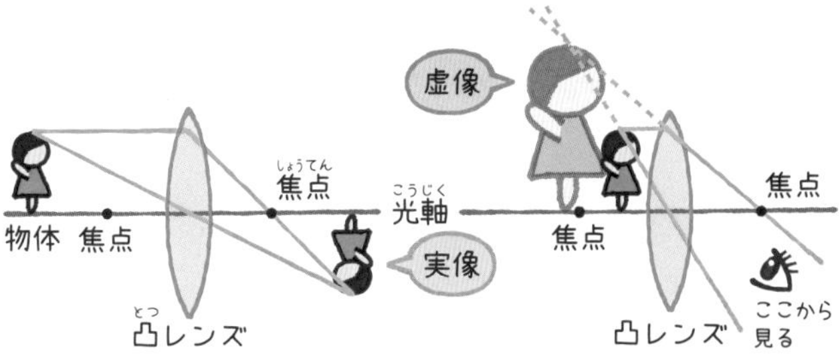

★今夜のおさらい

光は，空気中から水中にななめに進むとき，入射角 > 屈折角となるように屈折し，水中から空気中にななめに進むとき，入射角 < 屈折角となるように屈折します。

また，光が物体の表面で反射《はんしゃ》するとき，入射角 = 反射角《はんしゃかく》となります。

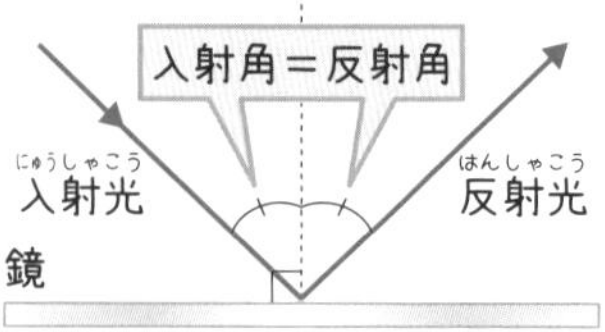

凸レンズの軸《じく》に平行な光をあてたとき，光が集まる点を焦点といいます。焦点より内側（凸レンズ側）に物体を置くと凸レンズを通して虚像が見え，外側に置くとスクリーンに実像がうつります。

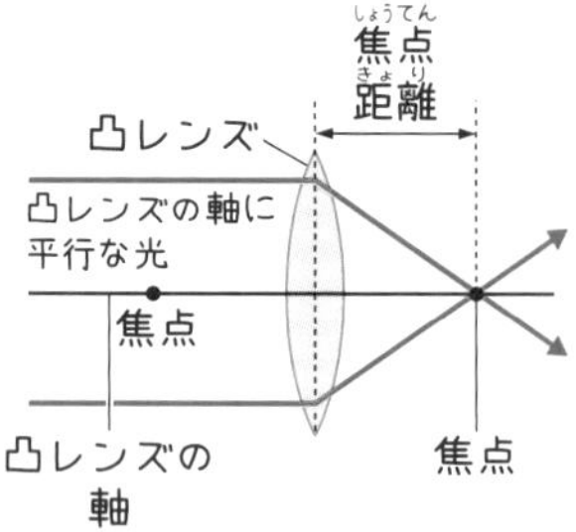

寝る前にもう一度

- 空気中の角度が大。
- 実像は逆向き，虚像は大きく同じ向き。

14. 物理：音・力

□　月　日
□　月　日

★今夜おぼえること

大きさ振幅《しんぷく》，高さ振動数《しんどうすう》。

→振動のふれ幅
→1秒間に振動する回数

〈音の大小・高低とオシロスコープの波の形〉

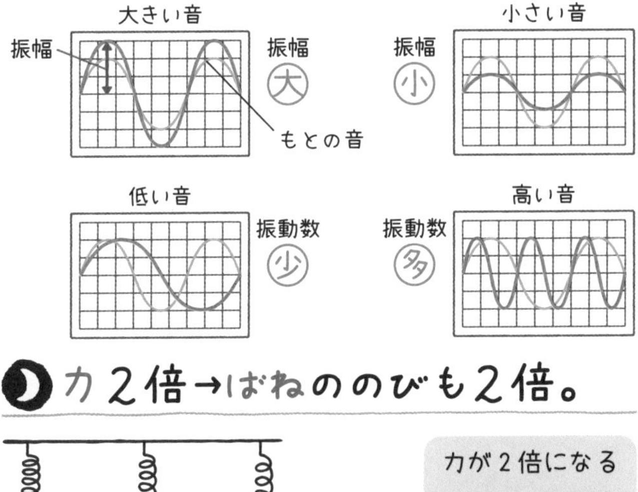

力2倍→ばねののびも2倍。

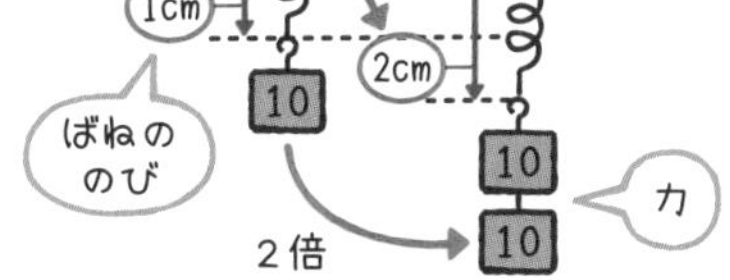

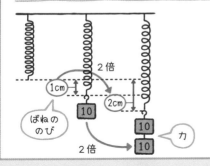

★今夜のおさらい

🌟音の大きさは振幅で決まり，音の高さは振動数で決まります。振幅が大きいほど音は大きく，振動数が多いほど音は高くなります。

また，モノコードなどの弦《げん》をはじいて，高い音を出すには，次のような方法があります。

①弦を短くする。

②弦を細くする。

③弦を強く張る。

🌙ばねののびは，ばねに加えた力の大きさに比例します。これをフックの法則といいます。

例　右図のような特徴《とくちょう》をもつばねで，ばねののびが8cmのとき，ばねに加えた力の大きさは何N？

答 0.8 N

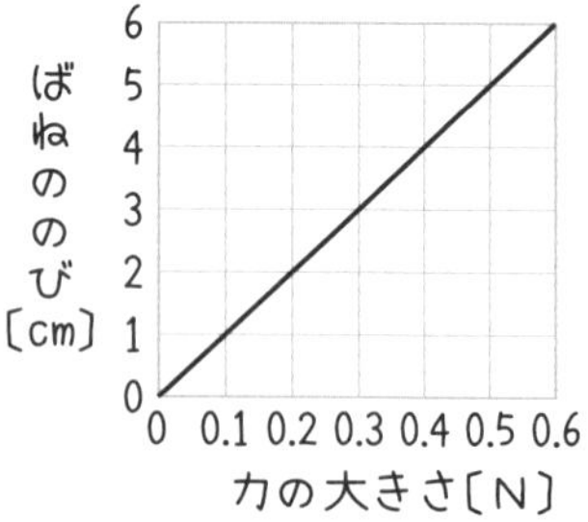

寝る前にもう一度

🌟大きさ振幅，高さ振動数。

🌙力2倍→ばねののびも2倍。

★今夜おぼえること

力の3つのはたらきは、

変える、支える、変形させる。

ハッ！
ムンッ！
ヤーッ！

2力は同じ大きさ、向きが反対、一直線上でつり合う。

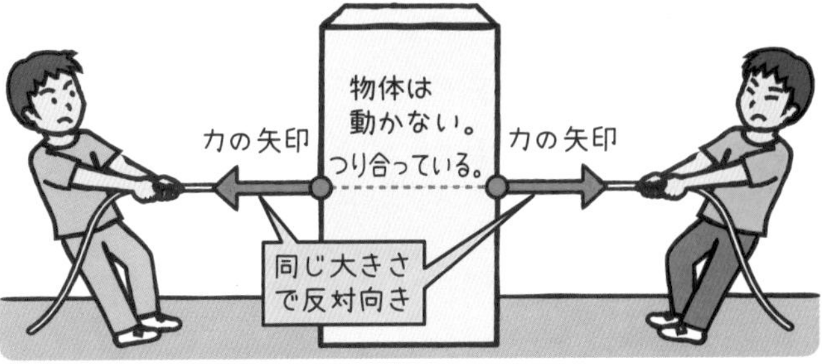

物体は
動かない。
つり合っている。
力の矢印
力の矢印
同じ大きさ
で反対向き

★今夜のおさらい

✪ 力のはたらきには，物体の運動を［変える］，物体を［支える］，［変形］させるなどがあります。
力には弾性力《だんせいりょく》（変形した物体がもとの形にもどろうとする力），重力《じゅうりょく》，磁力《じりょく》（磁石の力），電気の力，摩擦力《まさつりょく》，抗力《こうりょく》などがあります。

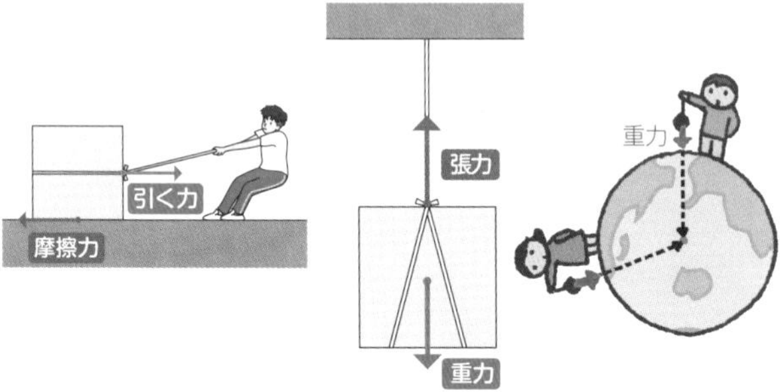

◐ 2力のつり合いの条件
・2力の大きさは［同じ］。
・2力の向きは［反対］で，一直線上。

寝る前にもう一度

✪ 力の3つのはたらきは，変える，支える，変形させる。
◐ 2力は同じ大きさ，向きが反対，一直線上でつり合う。

□ 月 日
□ 月 日

★ 今夜おぼえること

強いねばりけはもり上がる。

ゆるやかな形　　円すい形　　もり上がった形

火山の形

マグマのねばりけ　弱い ⟷ 強い

噴出物《ふんしゅつぶつ》の色　黒っぽい ⟷ 白っぽい

噴火《ふんか》のようす　おだやか ⟷ 激《はげ》しい

ゴロ合わせ　夕食は苦労を隠した

（有色鉱物）（黒雲母）（角閃石）

奇跡の缶詰　。

（輝石）（カンラン石）

★今夜のおさらい

火山の形は，マグマのねばりけによって変わります。また，噴出物の色や噴火のようすも変わります。

- ねばりけが弱い…傾斜《けいしゃ》がゆるやかな形の火山。噴出物の色は黒っぽく，おだやかな噴火をします。（キラウエアなど）
- ねばりけが中間…円すい形の火山。（富士山《ふじさん》，桜島《さくらじま》など）
- ねばりけが強い…もり上がった形の火山。噴出物の色は白っぽく，激しい噴火をします。（雲仙普賢岳《うんぜんふげんだけ》など）

鉱物《こうぶつ》には，おもに次のようなものがあります。

- 無色（白色）鉱物…白っぽい色の鉱物
  ⇨石英《せきえい》，長石《ちょうせき》。
- 有色鉱物…黒っぽい色の鉱物⇨黒雲母《くろうんも》，角閃《かくせん》石，輝石《きせき》，カンラン石《せき》など。

寝る前にもう一度

強いねばりけはもり上がる。

夕食は苦労を隠した奇跡の缶詰。

17．地学：火成岩

□　月　日
□　月　日

★今夜おぼえること

🌟火山は斑状《はんじょう》，深成《しんせい》は等粒状《とうりゅうじょう》。

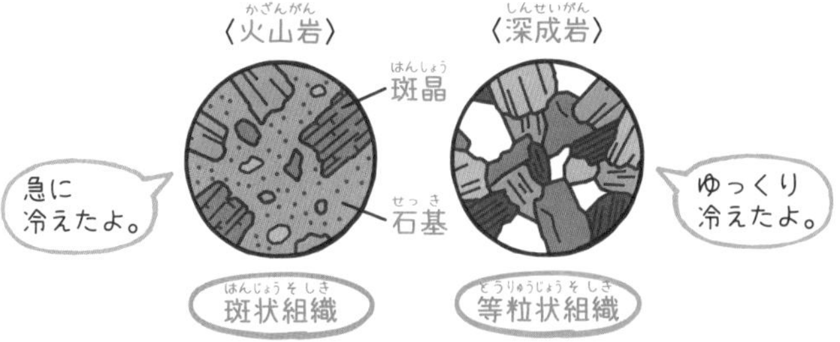

🌙ゴロ合わせ　**新　幹　線　は**

（深成岩）（花こう岩）（せん緑岩）（斑れい岩）

刈　り　上　げ　。

（火山岩）（流紋岩）（安山岩）（玄武岩）

★今夜のおさらい

マグマが冷えて固まってできた岩石を火成岩《かせいがん》といいます。火成岩は，マグマの冷え方によって次の2つに分けられます。

- 火山岩…マグマが地表や地表付近で急に冷え固まってでき，石基《せっき》と斑晶《はんしょう》からなる斑状組織になっています。
- 深成岩…マグマが地下深くでゆっくり冷え固まってでき，大きな結晶《けっしょう》が組み合わさった等粒状組織になっています。

火成岩の分類

岩石の色		白っぽい ←――（灰色）――→ 黒っぽい		
鉱物《こうぶつ》の割合		多 無色鉱物 ←――――→ 有色鉱物 多		
岩石の例	深成岩	花《か》こう岩《がん》	閃緑岩《せんりょくがん》	斑《はん》れい岩《がん》
	火山岩	流紋岩《りゅうもんがん》	安山岩《あんざんがん》	玄武岩《げんぶがん》

寝る前にもう一度

- 火山は斑状，深成は等粒状。
- 新幹線は刈り上げ。

□ 月 日
□ 月 日

★今夜おぼえること

ゆれの大きさは震度《しんど》，規模はマグニチュード。

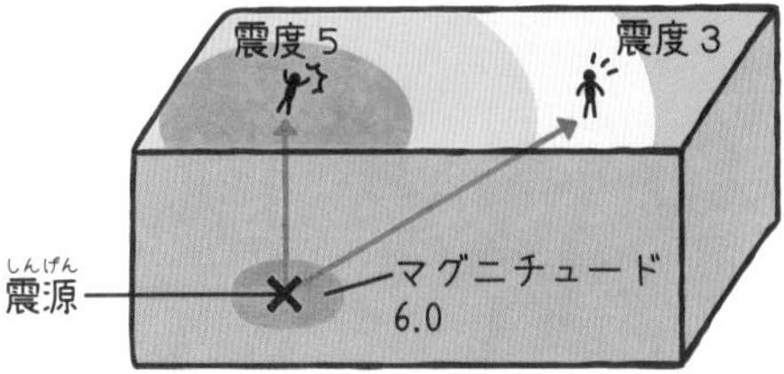

P 波は速い，S 波はゆっくり。

P 波が到着すると初期《しょき》微動《びどう》が始まり，S 波が到着すると主要動《しゅようどう》が始まるよ。

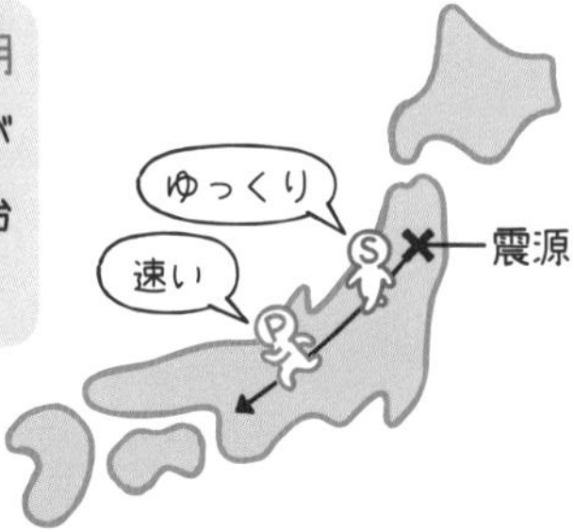

★今夜のおさらい

震度は揺れの大きさを表し，一般的に震源からの距《きょ》離《り》が近いほど大きくなります。一方，マグニチュード（M）は地《じ》震《しん》の規模を表すので，1つの地震に対して1つの値《あたい》をとります。

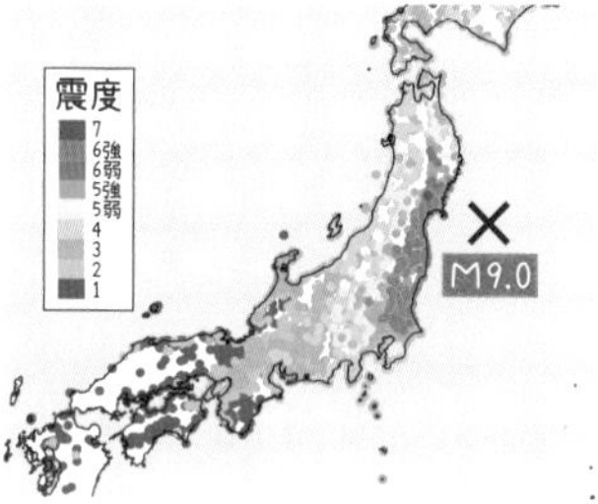

初期微動はP波によって起こり，主要動はS波によって起こります。P波はS波よりも速いので，P波が到着してからS波が到着するまでの時間から，震源までのだいたいの距離がわかります。

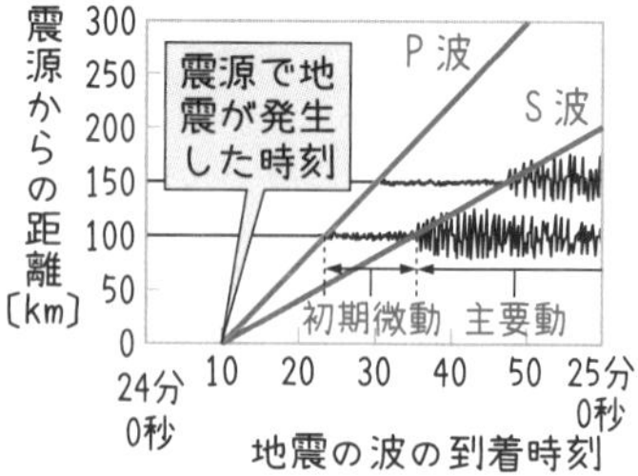

寝る前にもう一度

- ゆれの大きさは震度，規模はマグニチュード。
- P波は速い，S波はゆっくり。

★今夜おぼえること

ずれは断層《だんそう》，波はしゅう曲《きょく》。

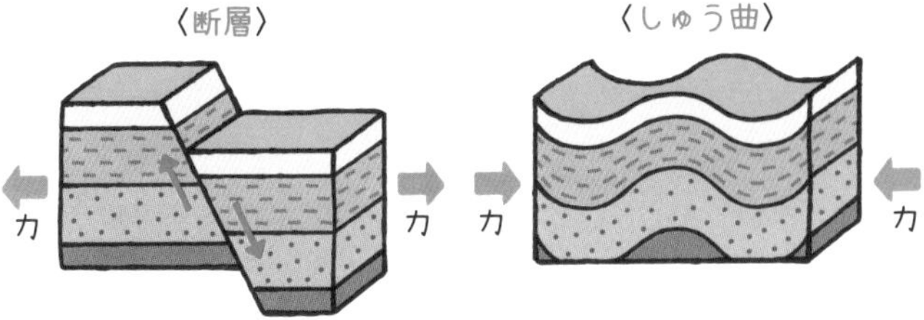

プレートの境目で大地震《じしん》。

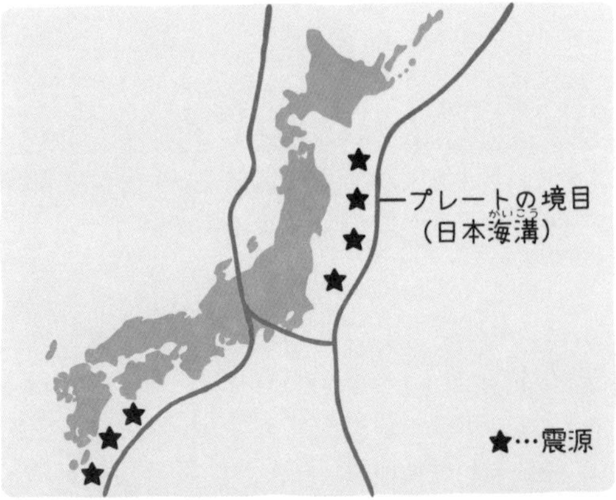

★今夜のおさらい

地層《ちそう》に力がはたらいて，地層が切れてずれることによってできたくいちがいを断層，地層が押《お》し曲げられ波うったものをしゅう曲といいます。

〈正断層〉

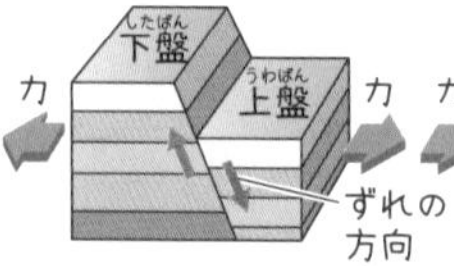

上盤がすべり落ちる

〈逆断層〉

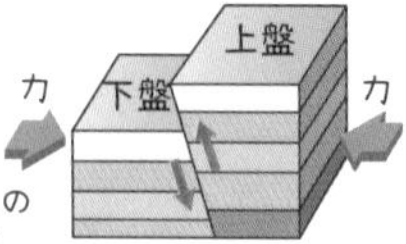

上盤がずり上がる

〈横ずれ断層〉

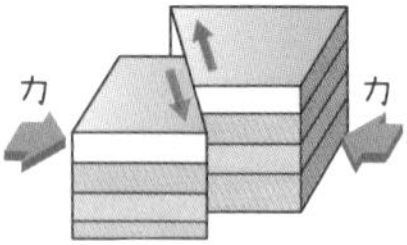

大きな地震は，地球を覆《おお》うプレートという岩石の層の境界で起こります。

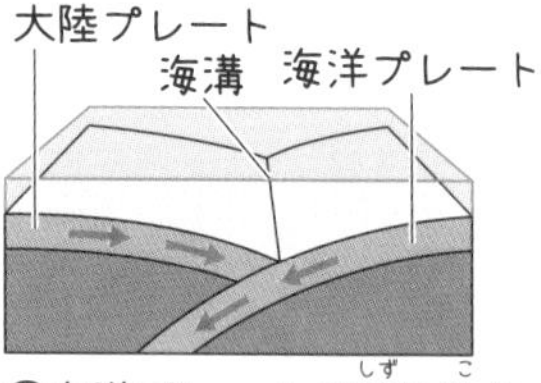

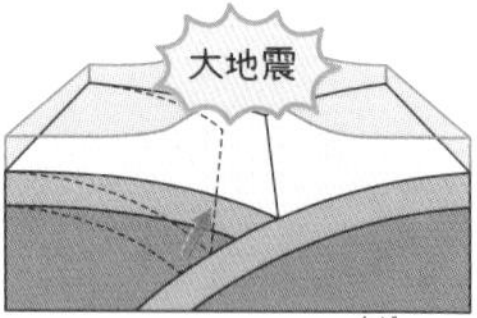

①海洋プレートが沈《しず》み込《こ》む。

②大陸プレートがひきずりこまれる。

③大陸プレートが戻《もど》るとき大地震発生。

寝る前にもう一度

- ずれは断層，波はしゅう曲。
- プレートの境目で大地震。

★今夜おぼえること

示《し》相《そう》化《か》石《せき》で環境《かんきょう》がわかる。

〈サンゴ〉

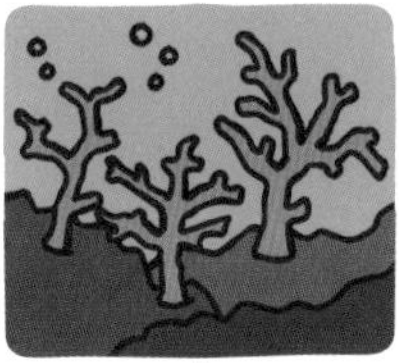

↓
あたたかく，浅い海

〈アサリ〉

↓
浅い海

〈シジミ〉

↓
湖や河口付近

ゴロ合わせ　まんじゅうのあんは 中 。

（アンモナイト）（中生代）

〈サンヨウチュウ〉

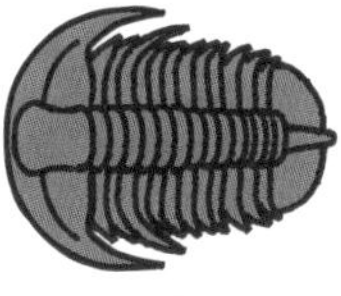

古生代

〈アンモナイト〉

中生代

〈ビカリア〉

新生代

★今夜のおさらい

生きられる環境が限られていて，現在もその種が生きている生物の化石は，地層が堆積《たいせき》した当時の環境を知る手がかりとなります。このような化石を示相化石といいます。

広い範囲にすみ，短い期間に栄えて絶滅《ぜつめつ》した生物の化石は，地層が堆積した時代を知る手がかりとなります。このような化石を示準化石といいます。また，地層ができた時代を地質年代（地質時代）といい，古生代，中生代，新生代（古第三紀，新第三紀，第四紀）があります。

古生代	・サンヨウチュウ ・フズリナ
中生代	・アンモナイト ・ティラノサウルス（恐竜《きょうりゅう》） ・モノチス（二枚貝）
新生代	・ビカリア ・ナウマンゾウ ・メタセコイア（植物）

▲地質年代とおもな示準化石

寝る前にもう一度

- 示相化石で環境がわかる。
- まんじゅうのあんは中。

21　地学：堆積岩

□　月　日
□　月　日

★今夜おぼえること

粒《つぶ》が大きいほうから、

れき＞砂＞泥《どろ》。

●堆積岩《たいせきがん》の種類と粒の大きさ

〈れき岩〉

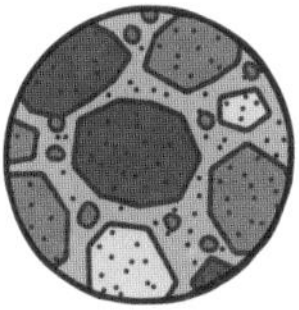

直径２mm以上

〈砂岩〉

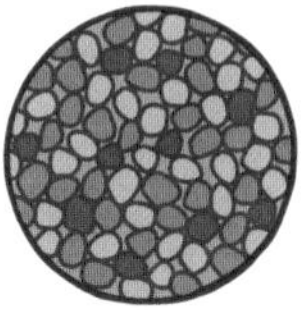

直径$\frac{1}{16}$～２mm

〈泥岩《でいがん》〉

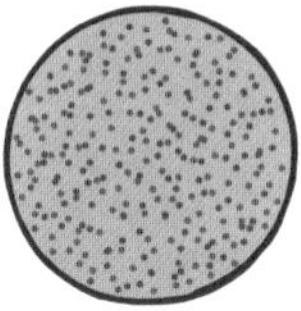

直径$\frac{1}{16}$mm以下

塩酸で泡《あわ》が出るのは石灰岩《せっかいがん》。

〈石灰岩〉うすい塩酸をかけると泡が出る。

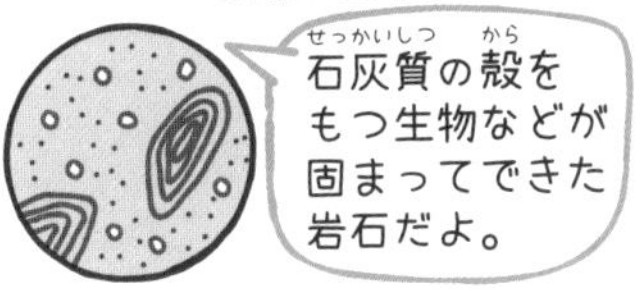
石灰質《せっかいしつ》の殻《から》をもつ生物などが固まってできた岩石だよ。

〈チャート〉うすい塩酸をかけても泡が出ない。

ケイ酸質の殻をもつ生物が固まってできた岩石だよ。

★今夜のおさらい

堆積岩の種類

①川の水に流された土砂《どしゃ》が固まってできた
れき岩，砂岩，泥岩

②火山灰《かざんばい》が固まってできた凝灰岩《ぎょうかいがん》

③海底で生物の死がいなどが固まってできた
石灰岩，チャート

堆積岩の特徴《とくちょう》

①れき岩，砂岩，泥岩は，粒の大きさで区別されます。

堆積岩	粒の大きさ（直径）
れき岩	2 mm 以上
砂岩	$\frac{1}{16}$(0.06)mm ～ 2 mm
泥岩	$\frac{1}{16}$(0.06)mm 以下

②凝灰岩は，岩石をつくる粒が角ばっています。

③チャートは，とてもかたく，石灰岩は，うすい塩酸をかけると二酸化炭素が発生します。

寝る前にもう一度

- 粒が大きいほうから，れき＞砂＞泥。
- 塩酸で泡が出るのは石灰岩。

★今夜おぼえること

六大陸，最大はユーラシア大陸。三大洋は，太平洋《たいへいよう》・大《たい》西洋《せいよう》・インド洋。

ちなみに，最小の大陸はオーストラリア大陸だよ。

ユーラシア大陸は，ヨーロッパ州とアジア州。

世界の地域区分では，ユーラシア大陸はヨーロッパ州とアジア州に区分されるよ。

★今夜のおさらい

六大陸はユーラシア大陸・アフリカ大陸・北アメリカ大陸・南アメリカ大陸・オーストラリア大陸・南極《なんきょく》大陸。三大洋は太平洋《たいへいよう》・大《たい》西洋《せいよう》・インド洋です。

▲六大陸と三大洋

世界は六つの州に区分され，アジア州・ヨーロッパ州・アフリカ州・北アメリカ州・南アメリカ州・オセアニア州があります。アジア州は最も面積が大きく，人口も最も多い州です。

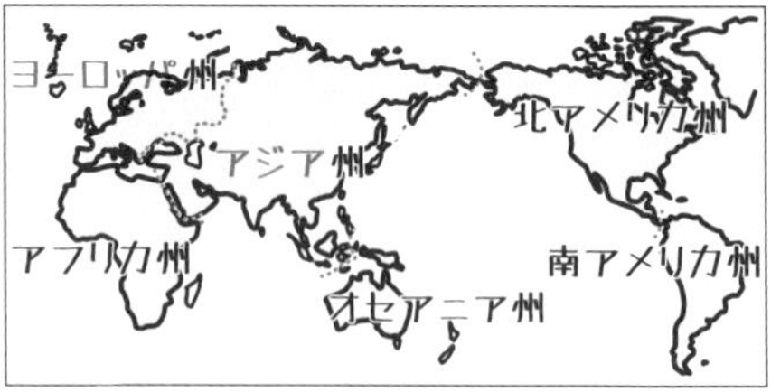

▲六つの州

寝る前にもう一度

- 六大陸，最大はユーラシア大陸。三大洋は，太平洋・大西洋・インド洋。
- ユーラシア大陸は，ヨーロッパ州とアジア州。

★今夜おぼえること

人口が多いのは中国とインド，面積最大はロシア連邦《れんぽう》。

中国の人口は日本の10倍以上，ロシア連邦の面積は日本の約45倍だよ。

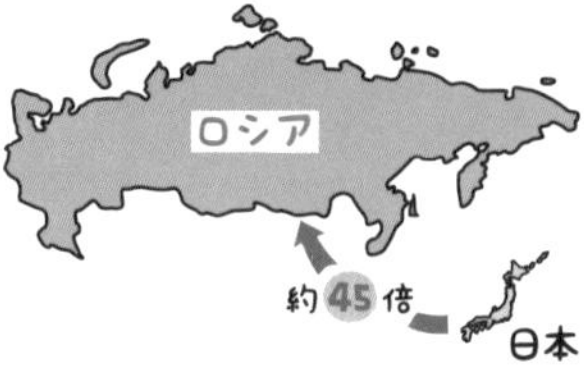

緯度《いど》は南北90度ずつ，経度《けいど》は東西180度ずつ。

緯度は赤道《せきどう》を0度，経度は本《ほん》初子午線《しょしごせん》を0度とするよ。

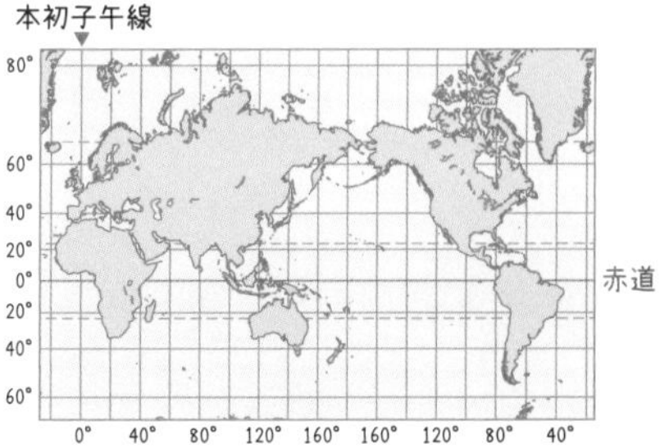

社会

★今夜のおさらい

人口がとくに多い国は中国とインドで，アメリカがそれに続きます。面積が世界で最も大きい国はロシア連邦《れんぽう》で，カナダ，アメリカ，中国，ブラジルがそれに続きます。

1位	ロシア連邦	1710万 km^2
2位	カナダ	999万 km^2
3位	アメリカ	983万 km^2
4位	中国	960万 km^2
5位	ブラジル	852万 km^2

（2018年）　（2020/21年版「世界国勢図会」）

▲面積が大きい国

地球上の位置は緯《い》度《ど》と経《けい》度《ど》によって表すことができます。同じ緯度の地点を結んだ線を緯線，同じ経度の地点を結んだ線を経線といいます。

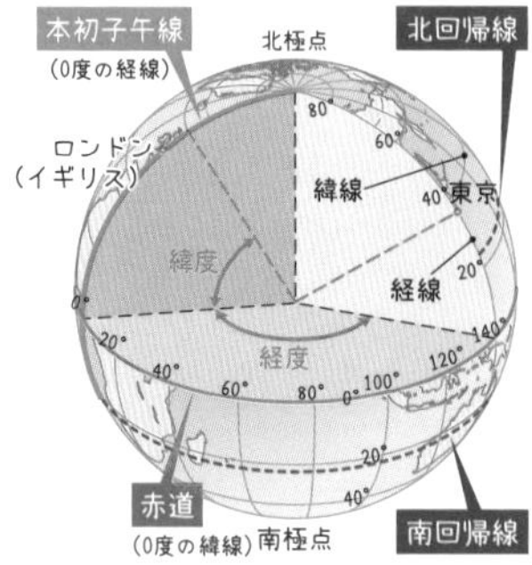

▲緯度と経度

寝る前にもう一度

- 人口が多いのは中国とインド，面積最大はロシア連邦。
- 緯度は南北90度ずつ，経度は東西180度ずつ。

3. 地理：日本の範囲《はんい》

□　月　日
□　月　日

★今夜おぼえること

国の領域は領土・領海・領空。排他的経済水域《はいたてきけいざいすいいき》は200海里。

領域とは，一国の主権がおよぶ範囲のことだよ。

日本の北端《ほくたん》は択捉島《えとろふとう》，南端は沖ノ鳥島《おきのとりしま》，東端は南鳥島《みなみとりしま》，西端は与那国島《よなぐにじま》。

沖ノ鳥島は水没《すいぼつ》を防ぐため，護岸工事が行われたんだよ。水没すると，日本の排他的経済水域が大幅《おおはば》に減少するんだ。

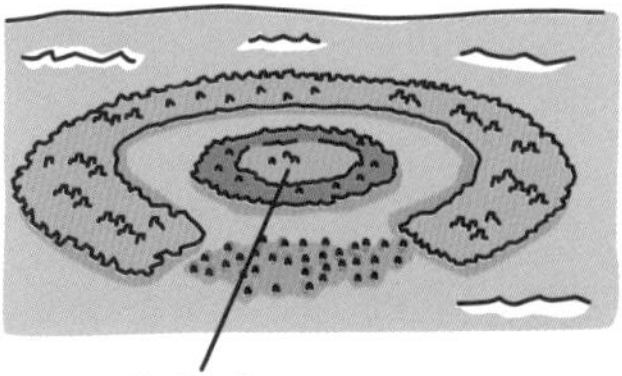

沖ノ鳥島

社会

★今夜のおさらい

✪国の領域は領土，領海，領空からなります。また，各国は200海里の排他的経済水域《はいたてき》を設定していて，水域内の水産資源や鉱産資源は沿岸国のものとなります。

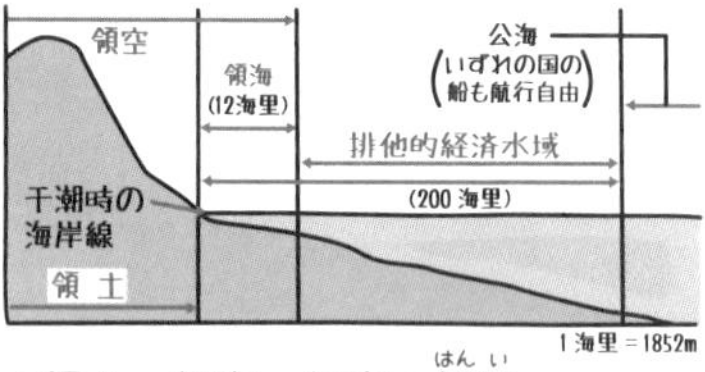

▲領土・領海・領空の範囲《はんい》

☽日本の北端《ほくたん》は北海道の択捉島《えとろふとう》，南端は東京都の沖ノ鳥島《おきのとりしま》，東端は東京都の南鳥《みなみとり》島《しま》，西端は沖縄県の与那国島《よなぐにじま》です。

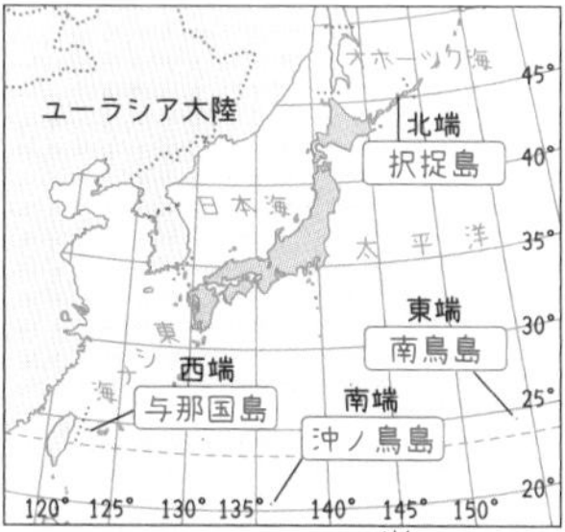

▲日本の東西南北の端《はし》の島

寝る前にもう一度

✪国の領域は領土・領海・領空。排他的経済水域は200海里。

☽日本の北端は択捉島，南端は沖ノ鳥島，東端は南鳥島，西端は与那国島。

□　月　日
□　月　日

★今夜おぼえること

経度《けいど》15度で1時間の時差。

日本（東経《とうけい》135度）とイギリスのロンドン（経度0度）との時差は，135（度）÷15（度）＝9（時間）で求められるよ。日本が正午のとき，ロンドンは午前3時なんだ。

7地方区分は北海道，東北《とうほく》，関東《かんとう》，中部《ちゅうぶ》，近畿《きんき》，中国《ちゅうごく》・四国《しこく》，九州《きゅうしゅう》地方。

★今夜のおさらい

✪経度《けいど》15度で1時間の時差が生まれます。日本（東経《とうけい》135度）とアメリカのニューヨーク（西経《せいけい》75度）の時差は，まず経度差を135+75=210（度）で求め，次に210÷15=14（時間）を計算して，時差は14時間となります。

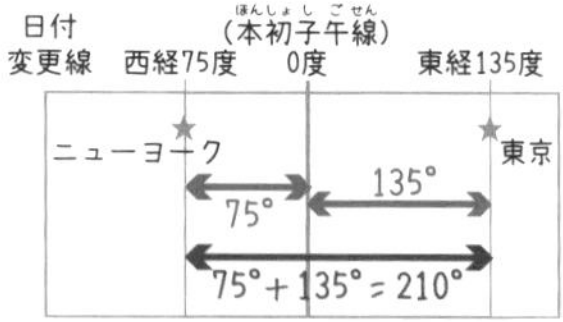

☽日本を7地方に分けると北海道地方，東北《とうほく》地方，関《かん》東《とう》地方，中部《ちゅうぶ》地方，近畿《きんき》地方，中《ちゅう》国《ごく》・四国《しこく》地方，九《きゅう》州《しゅう》地方となります。

▲日本の7地方区分

寝る前にもう一度

✪経度15度で1時間の時差。

☽7地方区分は北海道，東北，関東，中部，近畿，中国・四国，九州地方。

★今夜おぼえること

☆世界の気候は熱帯，乾燥《かんそう》帯，温帯，冷帯（亜《あ》寒帯），寒帯。

☾熱帯に熱帯雨林，冷帯（亜寒帯）に針葉樹林《しんようじゅりん》（タイガ）。

熱帯雨林は熱帯地域の背の高い広葉樹林だよ。針葉樹林は冷帯地域のマツやモミなどの森林だよ。

★今夜のおさらい

世界の気候は1年中高温の熱帯，降水量が少ない乾燥帯《かんそう》，温和な温帯，冬の寒さが厳しく，夏と冬の気温差が大きい冷帯（亜《あ》寒帯），1年中寒い寒帯に大きく分かれます。

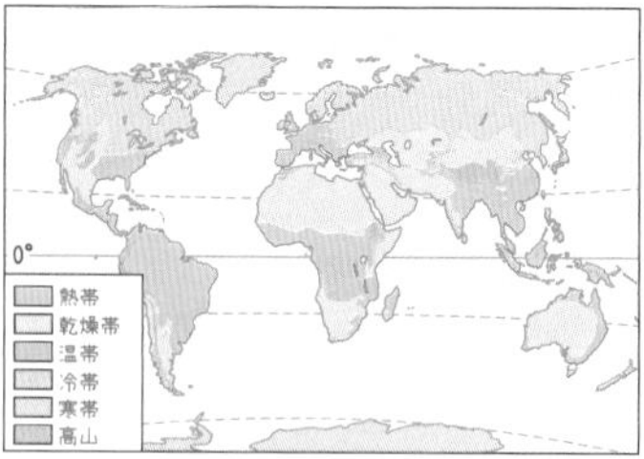

▲世界の気候区分

赤道《せきどう》周辺の熱帯地域には熱帯雨林（熱帯林）が広がっていて，人々は湿気《しっけ》を防ぐため，高床《たかゆか》の住居に住んでいます。アジアの北のシベリアなどの冷帯（亜寒帯）地域には，寒さに強いマツなどの針葉樹林《しんようじゅりん》（タイガ）が広がっています。

高床の住居

寝る前にもう一度

- 世界の気候は熱帯，乾燥帯，温帯，冷帯（亜寒帯），寒帯。
- 熱帯に熱帯雨林，冷帯（亜寒帯）に針葉樹林（タイガ）。

★今夜おぼえること

乾燥帯《かんそう》の住居は日《ひ》干《ぼ》しれんがが，モンゴルの遊牧民の住居はゲル。

日干しれんがは泥《どろ》で形をつくって，それを強い日差しで乾《かわ》かしてつくったれんがだよ。

世界の三大宗教は，仏教《ぶっきょう》，キリスト教，イスラム教。

ほかにも，ヒンドゥー教やユダヤ教などの民族宗教があるよ。

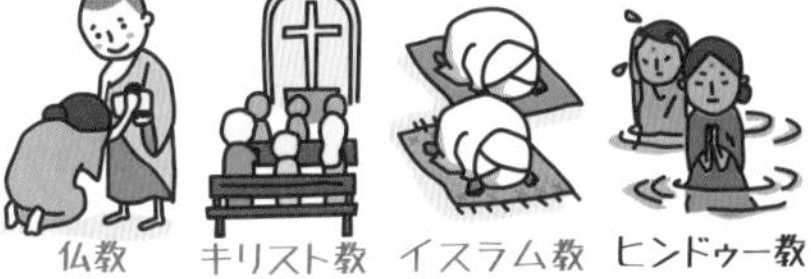

仏教　キリスト教　イスラム教　ヒンドゥー教

★今夜のおさらい

森林資源が少ない乾燥帯《かんそう》の地域では，日《ひ》干《ぼ》しれんがでつくった住居が多くみられます。モンゴルの遊牧民は移動式のゲルと呼ばれるテントに住んでいます。

日干しれんがの住居

モンゴルの遊牧民の住居

世界にはインドで起こった仏教《ぶっきょう》，西アジアのパレスチナ地方で起こったキリスト教，アラビア半島でおこったイスラム教の三大宗教のほか，ヒンドゥー教，ユダヤ教，神《しん》道《とう》などもあります。

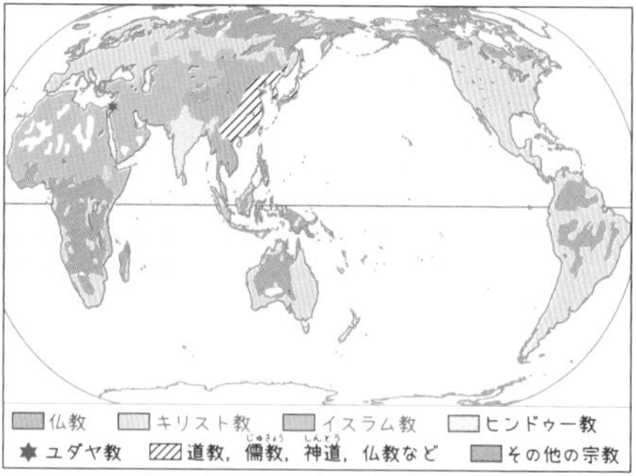

▲宗教の分布

寝る前にもう一度

- 乾燥帯の住居は日干しれんが，モンゴルではゲル。
- 世界の三大宗教は，仏教，キリスト教，イスラム教。

7．地理：アジア州①

□　月　日
□　月　日

★今夜おぼえること

ゴロ合わせ　中国の大河は，北から

（黄河）　（長江）
こう　ちょう先生。
（校）　（長）

中国には，長さ世界3位の長《ちょう》江《こう》《(チャンチャン)》と，黄《こう》河《が》《(ホワンホー)》の2つの大きな川が流れているよ。

東・東南・南アジアで稲作《いなさく》，東南アジアのプランテーションで天然ゴム。

右のグラフからタイやインドネシアなど，東南アジアの国々で生産量が多いことがわかるね。

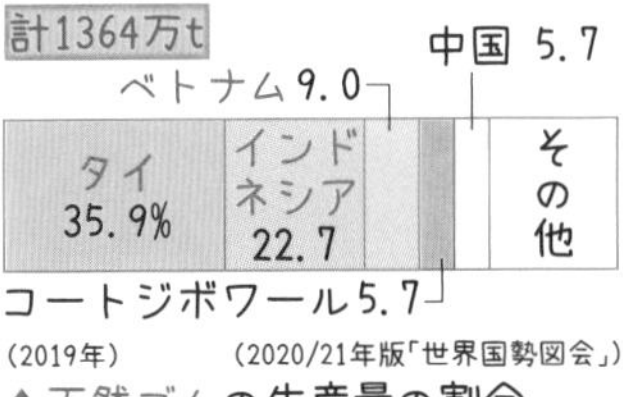

(2019年)　(2020/21年版「世界国勢図会」)

▲天然ゴムの生産量の割合

社会

★今夜のおさらい

アジアには黄河《こうが》《(ホワンホー)》や長江《ちょうこう》《(チャンチヤン)》，メコン川やガンジス川などの大河が流れます。また，中央部に8000m超《ちょう》の山々が連なるヒマラヤ山脈やチベット高原があり，「世界の屋根」と呼ばれています。

季節風（モンスーン）の影響《えいきょう》を受ける東・東南・南アジアの地域では，稲作《いなさく》がさかんです。また，東南アジアのプランテーションでは大規模《だいきぼ》な農業が行われ，天然ゴムやあぶらやし，バナナやコーヒーなどの生産がさかんです。

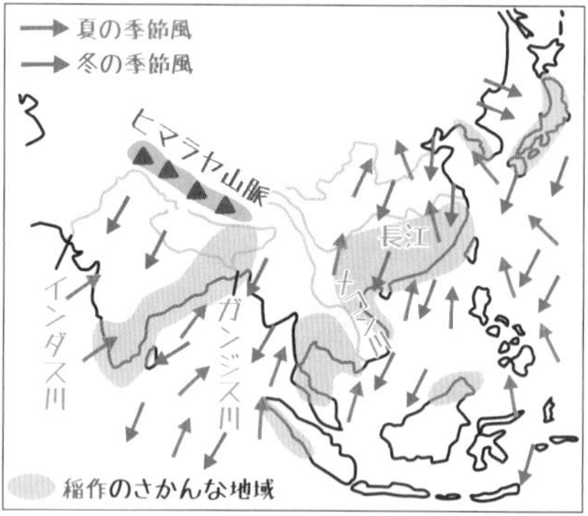

▲アジアの地形・季節風・稲作のさかんな地域

寝る前にもう一度

- 中国の大河は，北からこう《(黄河)(校)》 ちょう《(長江)(長)》先生。
- 東・東南・南アジアで稲作，東南アジアのプランテーションで天然ゴム。

★今夜おぼえること

中国の人口は14億人を超《こ》え，約９割は漢《かん》族。経済特区《けいざいとっく》を設けて「世界の工場」に。

経済が急速に発展して，シャンハイやペキンなどが巨大《きょだい》都市になったよ。

ヨーロッパ西部は偏西風《へんせいふう》と北《きた》大西洋《たいせいよう》海流の影響《えいきょう》で温暖。

暖流の北大西洋海流の上を，偏西風が吹《ふ》いてくるから，温暖なんだよ。

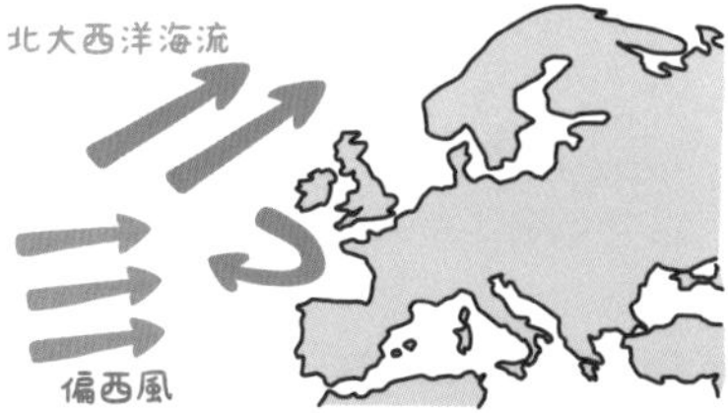

★今夜のおさらい

中国の人口は14億人を超《こ》え，その約９割は漢《かん》族（漢民族）です。沿岸部に経済特区《けいざいとっく》を設けて急速な発展をとげ，「世界の工場」と呼ばれています。しかし，沿岸部と内陸部との経済格差の問題があります。

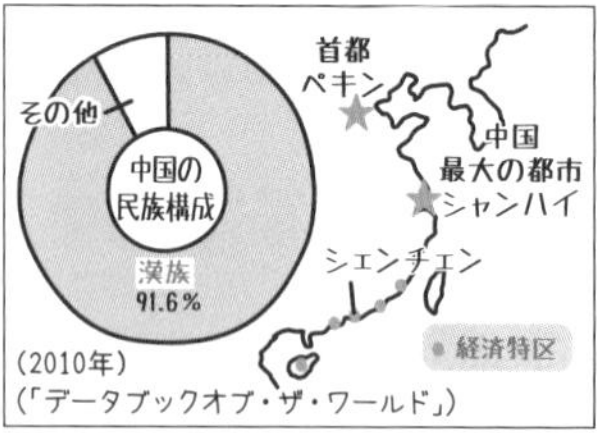

▲中国の民族構成と経済特区

ヨーロッパの大部分は北海道よりも高緯度《こういど》に位置しますが，西部は暖流の北大西洋《きたたいせいよう》海流と，その上を吹《ふ》いてくる偏《へん》西風《せいふう》の影響《えいきょう》で比較的《ひかくてき》温暖です。

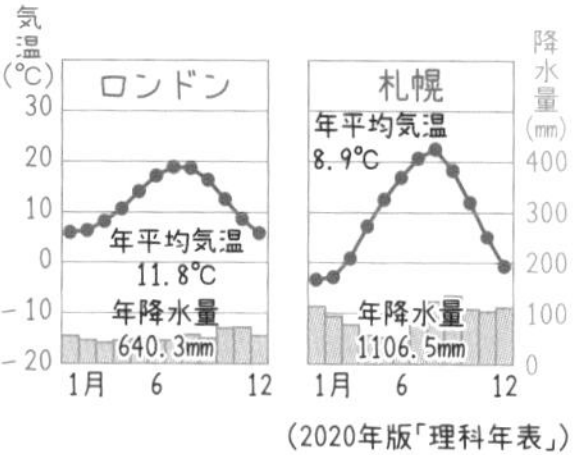

▲ロンドン（イギリス）と札幌《さっぽろ》（北海道）の雨温図

寝る前にもう一度

- 中国の人口は14億人を超え，約９割は漢族。経済特区を設けて「世界の工場」に。
- ヨーロッパ西部は偏西風と北大西洋海流の影響で温暖。

★今夜おぼえること

ヨーロッパ北部で混合《こんごう》農業や酪《らく》農《のう》，南部で地中海《ちちゅうかい》式農業。各国が協力して航空機を生産。

地中海沿岸で夏にぶどう，冬に小麦などを栽培《さいばい》しているよ。

ぶどうの栽培

ぶどうからワインがつくられる

EU（ヨーロッパ連合）諸国はユーロ導入，関税撤廃《かんぜいてっぱい》。

EUは欧州《おうしゅう》連合とも呼ばれるよ。共通通貨のユーロは，EUの多くの国で使うことができるんだ。

★今夜のおさらい

ヨーロッパ北部で食用・飼料作物の栽培《さいばい》と家《か》畜《ちく》の飼育を組み合わせた混《こん》合《ごう》農業や酪農《らくのう》，南部で地《ち》中海《ちゅうかい》式農業がさかんです。

また，各国の分業による航空機の生産が行われています。

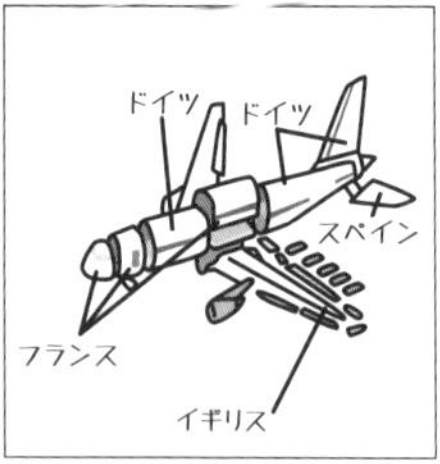

▲航空機生産の分業

EU（ヨーロッパ連合）は共通通貨のユーロを導入し，関税《かんぜい》を撤《てっ》廃《はい》して，政治的・経済的なつながりを強めようとしています。

▲EU加盟国とユーロ導入国

寝る前にもう一度

- ヨーロッパ北部で混合農業や酪農，南部で地中海式農業。各国が協力して航空機を生産。
- EU（ヨーロッパ連合）諸国はユーロ導入，関税撤廃。

10．地理：アフリカ州

□　月　日
□　月　日

★今夜おぼえること

🌟アフリカのナイル川は世界最長，サハラ砂《さ》漠《ばく》は世界最大。

🌙ギニア湾岸《わんがん》のプランテーションでカカオの栽培《さいばい》，アフリカ各地でレアメタルを産出。

カカオはチョコレートの原料となるんだよ。

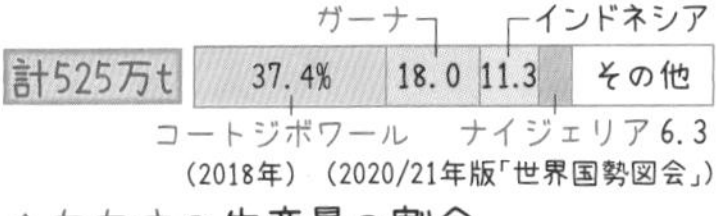

（2018年）（2020/21年版「世界国勢図会」）

▲カカオの生産量の割合

コートジボワールやガーナはギニア湾岸の国だよ。

社会

★今夜のおさらい

アフリカ東部を世界最長のナイル川が流れ，北部には世界最大のサハラ砂漠《さばく》が広がります。

多くの地域はかつてヨーロッパ諸国の植民地でした。

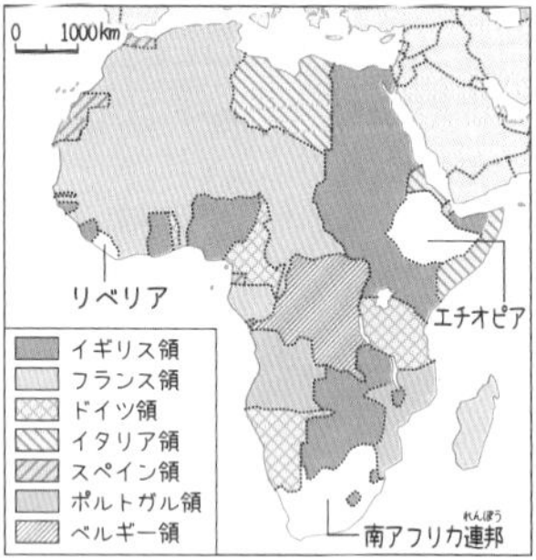

▲植民地下のアフリカ（1914年）

ギニア湾岸《わんがん》のプランテーションではカカオの栽《さい》培《ばい》がさかんです。またアフリカは，金やダイヤモンド，銅や石油，レアメタル（希少《きしょう》金属）などの鉱産資源が豊富です。

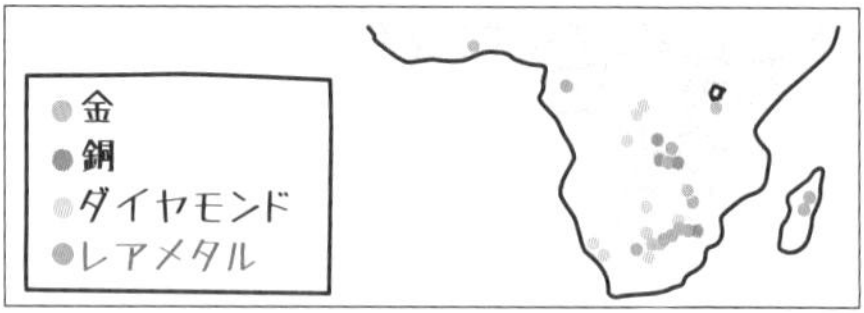

▲アフリカ南部の鉱産資源

寝る前にもう一度

- アフリカのナイル川は世界最長，サハラ砂漠は世界最大。
- ギニア湾岸のプランテーションでカカオの栽培，アフリカ各地でレアメタルを産出。

11. 地理：北アメリカ州

□　月　日
□　月　日

★今夜おぼえること

アメリカの地形はロッキー山脈，ミシシッピ川。民族はヒスパニックが増加。

ヒスパニックとは，スペイン語を話すメキシコや中央アメリカなどからの移民だよ。

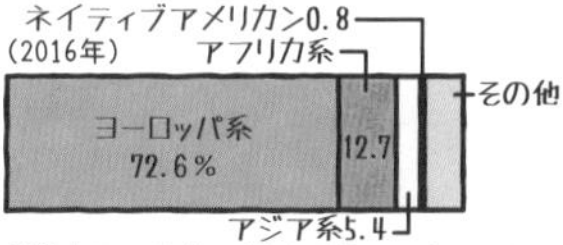

※総人口のうち，17.8%がヒスパニック

▲アメリカ合衆国の人口構成

農業は適《てき》地《ち》適《てき》作《さく》，工業はサンベルト，シリコンバレー。

適地適作とは，地域ごとの自然条件に合った農作物を栽《さい》培《ばい》することだよ。アメリカは農業も工業もとてもさかんなんだ。

★今夜のおさらい

(icon) アメリカの西部にはロッキー山脈が連なり，中部をミシシッピ川が流れます。アメリカは多民族国家で，近年ヒスパニックの人口が増えています。

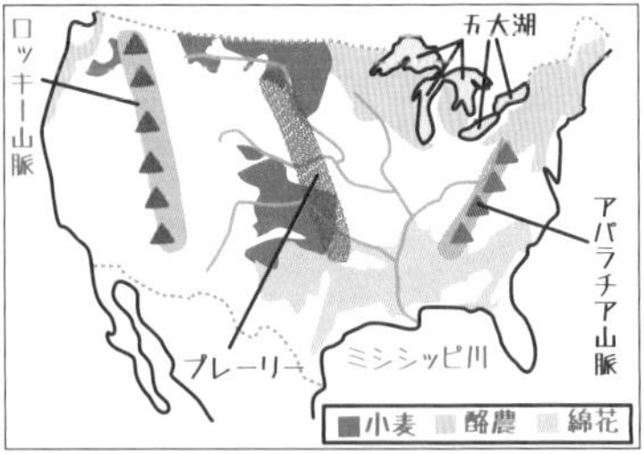

▲アメリカの主な地形と農業地域

(icon) アメリカでは，適地適作《てきちてきさく》で企業的《きぎょうてき》な農業が行われています。工業の中心は北緯《ほくい》37度より南のサンベルトで，サンフランシスコ近《きん》郊《こう》のシリコンバレーではICT（情報通信技術）産業が発達しています。

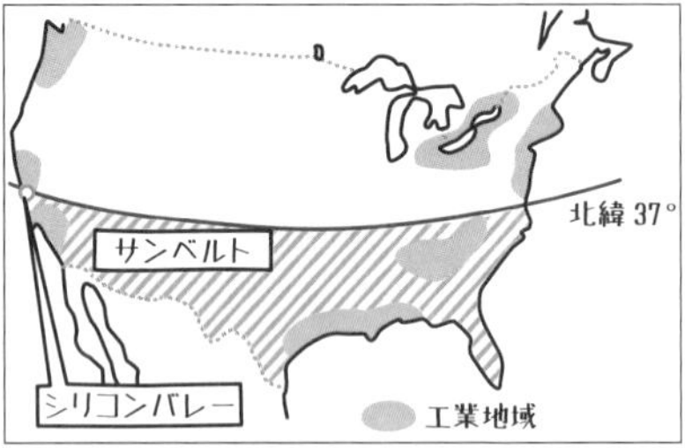

▲アメリカの主な工業地域

寝る前にもう一度

- (icon) アメリカの地形はロッキー山脈，ミシシッピ川。民族はヒスパニックが増加。
- (icon) 農業は適地適作，工業はサンベルト，シリコンバレー。

★今夜おぼえること

南アメリカの地形はアンデス山脈，アマゾン川。ラプラタ川流域にパンパ。

パンパでは小麦の栽培《さいばい》や肉牛の放牧が行われているよ。

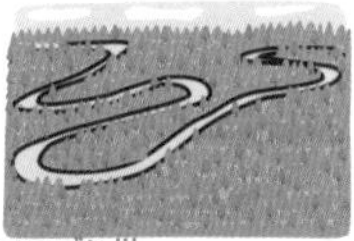
アマゾン川

パンパ

ブラジルの輸出品はコーヒー豆→機械類。鉄鉱石《てっこうせき》も豊富。

コーヒー豆　　機械類

★今夜のおさらい

南アメリカにはアンデス山脈が連なり，アマゾン川は流域面積が世界一です。ラプラタ川流域の草原・パンパでは小麦やとうもろこしの栽培《さいばい》，肉牛の放牧がさかんです。

▲南アメリカの主な地形

ブラジルの輸出品の中心はコーヒー豆でしたが，工業化が進んで機械類の輸出が増えました。カラジャス鉄山などで産出される鉄鉱石《てっこうせき》が豊富で，日本へも多く輸出されています。

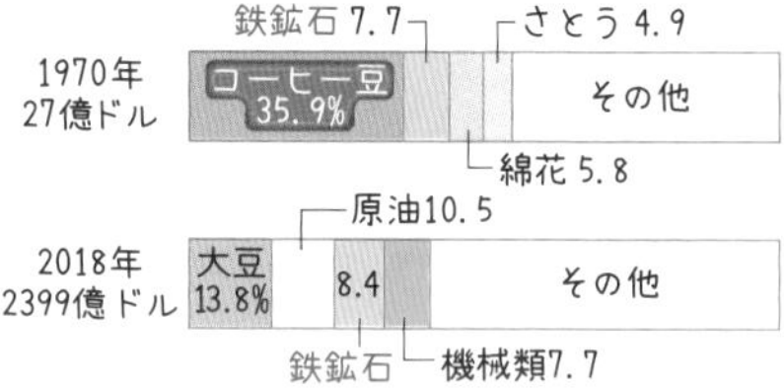

(2020/21年版「世界国勢図会」など)

▲ブラジルの輸出品の変化

寝る前にもう一度

- 南アメリカの地形はアンデス山脈，アマゾン川。ラプラタ川流域にパンパ。
- ブラジルの輸出品はコーヒー豆→機械類。鉄鉱石も豊富。

★今夜おぼえること

オセアニアにはさんご礁《しょう》の島。

先住民はアボリジニ，マオリ。

オーストラリアの先住民がアボリジニ，ニュージーランドの先住民がマオリだよ。

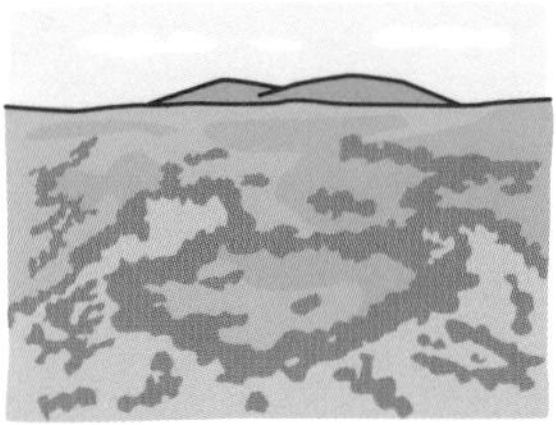

ゴロ合わせ　オーストラリアの鉱産資源

鉄製（西部）の短（石炭）刀（東部）。

オーストラリアの西部で鉄鉱石《てっこうせき》，東部で石炭の産出が多いよ。

鉄製（西）の短（炭）刀（東）
鉄鉱石が西部、石炭が東部・・・。

社会

★今夜のおさらい

🌟オセアニアにはさんご礁《しょう》でできた島や，火山の活動によってできた**火山島**などがあります。オーストラリアにはアボリジニ，ニュージーランドにはマオリという先住民が住んでいます。

🌙オーストラリアは鉱産資源が豊富で，**西部**で鉄鉱石《てっこうせき》，**東部**で石炭の産出がさかんです。地表を直接削《けず》る**露天掘《ろてんぼ》り**による採掘《さいくつ》が行われ，鉄鉱石や石炭は日本へも多く輸出されています。オーストラリアやニュージーランドでは**羊**の放牧もさかんです。

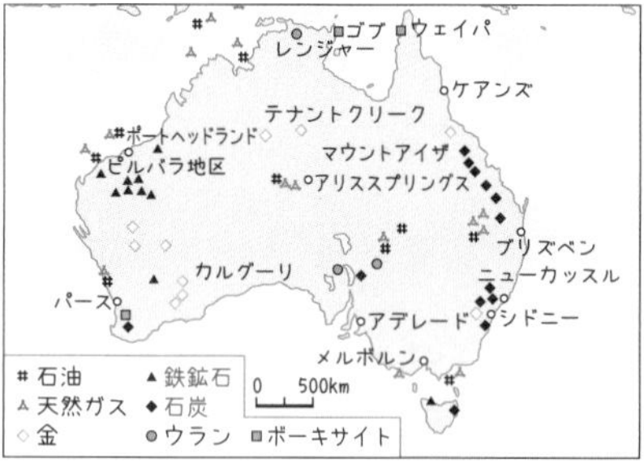

▲オーストラリアの鉱産資源

寝る前にもう一度

🌟オセアニアにはさんご礁の島。先住民はアボリジニ，マオリ。

🌙鉄製（西部）の短（石炭）刀（東部）。

14. 歴史：文明のおこり

□ 月 日
□ 月 日

★今夜おぼえること

⭐エジプト文明はナイル川流域におこった。

主な古代文明は大河の流域におこったよ。

🌙中国の漢《かん》の時代にシルクロード（絹《きぬ》の道）が開けた。

シルクロードは中国から絹（シルク）などを西方に運んだ交通路だよ。

★今夜のおさらい

紀元前3000年ごろナイル川流域にエジプト文明がおこり，ピラミッドや太陽暦《たいようれき》がつくられ，象形《しょうけい》文字が使われました。

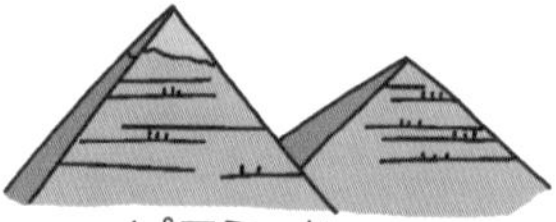

ピラミッド

象形文字

中国では，秦《しん》にかわって漢《かん》が大帝国《ていこく》を築き，東西の交通が発達してシルクロード（絹《きぬ》の道）が開けました。西方からは馬やぶどう，仏教《ぶっきょう》などが伝えられ，中国からは絹などがローマ帝国に運ばれました。

中国の王朝は，殷《いん》→周《しゅう》→秦→漢の順序を覚えておこう。

寝る前にもう一度

- エジプト文明はナイル川流域におこった。
- 中国の漢の時代にシルクロード（絹の道）が開けた。

★今夜おぼえること

弥生《やよい》時代には稲作《いなさく》が広まり，金属器が使われた。

大仙《だいせん》（大山《だいせん》）古墳《こふん》は巨大《きょだい》な前方後円墳《ぜんぽうこうえんふん》。

大仙（大山，仁《にん》徳陵《とくりょう》）古墳は大阪府にある**世界最大級の墓**だよ。

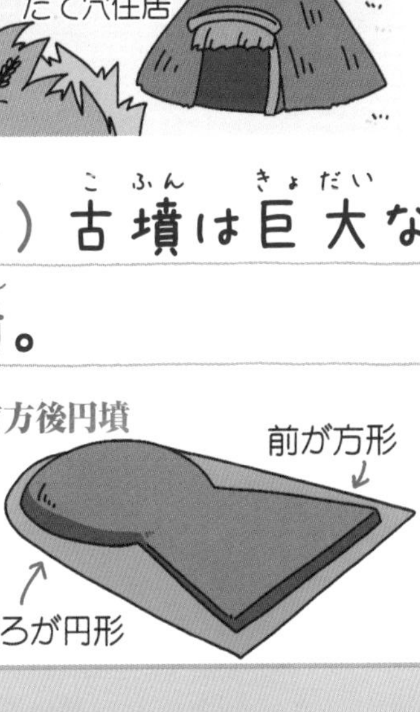

★今夜のおさらい

弥生《やよい》時代には稲作《いなさく》が広まり，社会が大きく変化しました。また，弥生土器や青銅器・鉄器などの金属器が使われました。

古墳《こふん》は王や豪族《ごうぞく》の墓で，とくに大仙《だいせん》（大山《だいせん》，仁徳陵《にんとくりょう》）古墳のような前方後円墳《ぜんぽうこうえんふん》は規模《きぼ》の大きな古墳です。古墳の上や周りには埴《はに》輪《わ》が置かれました。

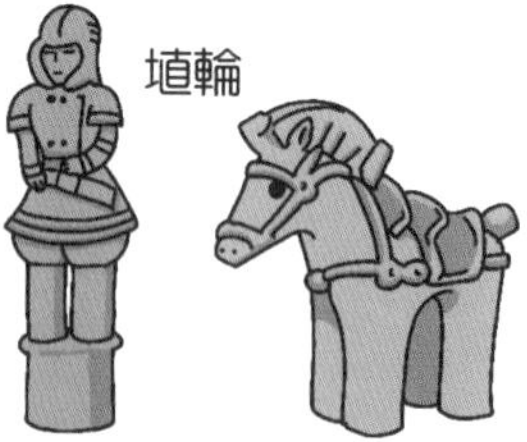

寝る前にもう一度

- 弥生時代には稲作が広まり，金属器が使われた。
- 大仙（大山）古墳は巨大な前方後円墳。

★今夜おぼえること

聖徳太子《しょうとくたいし》は十七条の憲法《けんぽう》で役人の心構えを示した。

聖徳太子（厩戸《うまやどの》皇子《おうじ》，厩戸王《うまやとおう》）は天皇《てんのう》中心のまとまりのある国をつくろうとしたんだ。

この心構えを守るように。
役人

中大兄皇子《なかのおおえのおうじ》は中臣鎌足《なかとみのかまたり》らと大化《たいか》の改新を行った。

蘇我《そが》氏をたおしたぞ！
新しい国をつくるんだ。
蘇我氏
中臣鎌足
中大兄皇子

社会

★今夜のおさらい

🌟593年，聖徳太子《しょうとくたいし》（厩戸皇子《うまやどのおうじ》，厩戸王《うまやとおう》）は推古天皇《すいこてんのう》の摂政《せっしょう》になり，**冠位《かんい》十二階**の制度や役人の心構えを示した十七条の憲法《けんぽう》を定めて，新しい国づくりを進めました。

十七条の憲法（一部）

一、争いをやめよ。

一、仏教をあつく敬《うやま》え。

一、天皇の命令には必ず従え。

🌙645年，中大兄皇子《なかのおおえのおうじ》は**中臣鎌足《なかとみのかまたり》**らとともに，権力を振《ふ》るう**蘇我氏《そがし》**をたおし，大化《たいか》の改新と呼ばれる政治改革《かいかく》を始めました。中大兄皇子は，のちに**天智天皇《てんじ》**となりました。

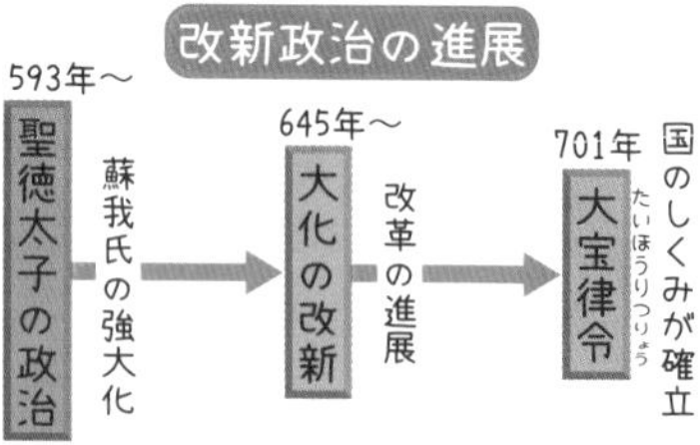

寝る前にもう一度

- 🌟聖徳太子は十七条の憲法で役人の心構えを示した。
- 🌙中大兄皇子は中臣鎌足らと大化の改新を行った。

17. 歴史：奈良の都と天平文化

□ 月 日
□ 月 日

★今夜おぼえること

班田収授法《はんでんしゅうじゅのほう》によって、人々に口分田《くぶんでん》が与《あた》えられた。

班田収授法は律令《りつりょう》国家で行われたしくみだよ。

奈良《なら》時代、聖武天皇《しょうむてんのう》は東《とう》大寺《だいじ》の大仏《だいぶつ》をつくらせた。

聖武天皇は仏教《ぶっきょう》の力で国を守ろうとしたんだ。

社会

★今夜のおさらい

奈良《なら》時代，国が戸籍《こせき》に登録された6歳《さい》以上の人々に口分田《くぶんでん》を与《あた》え，死ねば返させる班田収授法《はんでんしゅうじゅのほう》が行われ，人々は租《そ》などの税を負《ふ》担《たん》しました。

税の種類

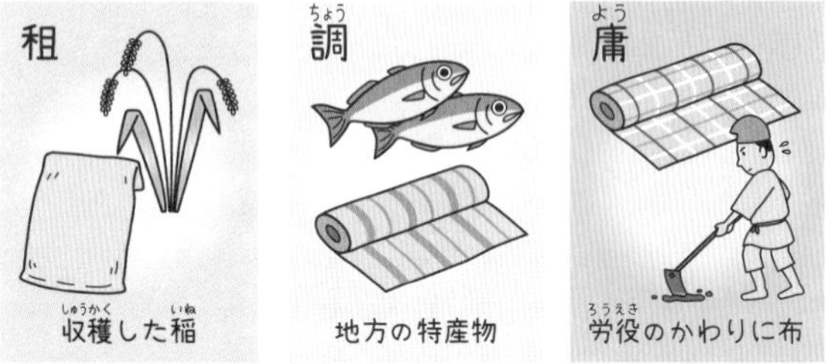

聖武天皇《しょうむてんのう》は，国ごとに国分寺《こくぶんじ》と国分尼寺《こくぶんにじ》を建て，都に東大寺《とうだいじ》を建てて金銅《こんどう》の大仏《だいぶつ》をつくらせました。このころ栄えた仏教《ぶっきょう》や唐《とう》（中国）の文化の影響《えいきょう》を受けた国際色豊かな文化を天《てん》平《ぴょう》文化といいます。

寝る前にもう一度

- 班田収授法によって，人々に口分田が与えられた。
- 奈良時代，聖武天皇は東大寺の大仏をつくらせた。

18．歴史：平安京と国風文化

□　月　日
□　月　日

★今夜おぼえること

🌟藤原《ふじわら》氏の摂関政治《せっかんせいじ》は**道長《みちなが》**・**頼通《よりみち》**のころ全盛《ぜんせい》になった。

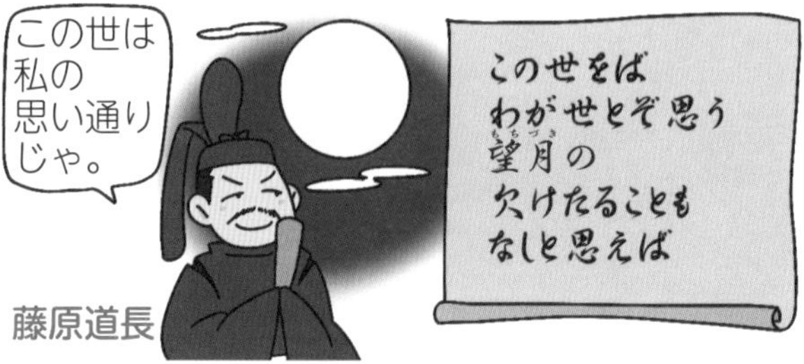
この世は私の思い通りじゃ。
このせをば
わが世とぞ思う
望月《もちづき》の
欠けたることも
なしと思えば
藤原道長

🌙紫式部《むらさきしきぶ》は『**源氏物語《げんじものがたり》**』，清《せい》少納言《しょうなごん》は『**枕草子《まくらのそうし》**』を著《あらわ》した。

このころ栄えた**国風文化**の代表的な作品だよ。

紫式部
『源氏物語』
清少納言
『枕草子』

★今夜のおさらい

✪平安時代《へいあん》，藤原《ふじわら》氏は代々，天皇《てんのう》を補佐《ほさ》する摂政《せっしょう》・関白《かんぱく》の地位について政治の実権を握《にぎ》りました。この政治を摂関政治《せっかんせいじ》といいます。

◐平安時代には，仮名（かな）文字が普及《ふきゅう》し，紫式部《むらさきしきぶ》の『源氏物語《げんじものがたり》』，清少納言《せいしょうなごん》の随筆《ずいひつ》『枕草子《まくらのそうし》』など宮廷《きゅうてい》に仕《つか》える女性による優《すぐ》れた文学作品が生まれました。

寝る前にもう一度

- ✪藤原氏の摂関政治は道長《みちなが》・頼通《よりみち》のころ全盛《ぜんせい》になった。
- ◐紫式部は『源氏物語』，清少納言は『枕草子』を著《あらわ》した。

★今夜おぼえること

源頼朝《みなもとのよりとも》は御家人《ごけにん》と御恩《ごおん》・奉《ほう》公《こう》の主従関係を結んだ。

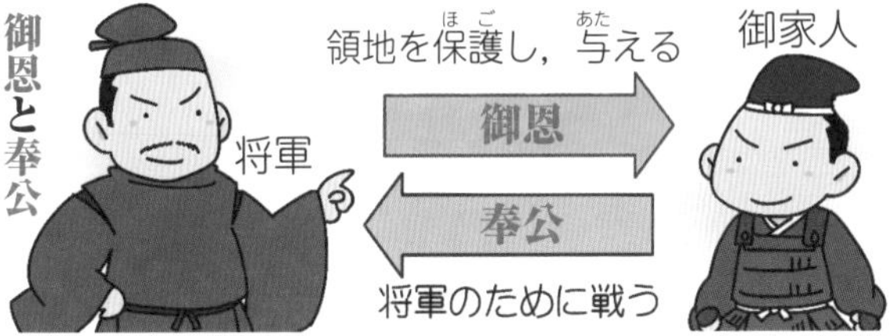

鎌倉幕府《かまくらばくふ》は，承久《じょうきゅう》の乱《らん》で後《ご》鳥羽上皇《とばじょうこう》の軍を破った。

社会

★今夜のおさらい

将軍《しょうぐん》に忠誠をちかった武士を御家人《ごけにん》といいます。源頼朝《みなもとのよりとも》は，御家人の領地《りょうち》を保護《ほご》し（御恩《ごおん》），御家人は頼朝のために戦いました（奉公《ほうこう》）。頼朝の開いた鎌倉幕府《かまくらばくふ》のしくみは，この主従関係をもとに成り立っていました。

1221年，後鳥羽上皇《ごとばじょうこう》は鎌倉幕府をたおそうとして兵を挙《あ》げましたが，北条氏《ほうじょうし》の率いる幕府軍に敗れました。これを承久《じょうきゅう》の乱《らん》といいます。

このの ち，京都には六波羅探題《ろくはらたんだい》が設置《せっち》され，朝廷《ちょうてい》の監視《かんし》や西国の武士の支配にあたりました。

寝る前にもう一度

- 源頼朝は御家人と御恩・奉公の主従関係を結んだ。
- 鎌倉幕府は，承久の乱で後鳥羽上皇の軍を破った。

★今夜おぼえること

鎌倉《かまくら》時代，親鸞《しんらん》は浄土真《じょうどしん》宗《しゅう》（一向《いっこう》宗），日蓮《にちれん》は日蓮宗（法華《ほっけ》宗）を開いた。

救いを信じる心があれば救われます。
題目《だいもく》を唱えれば人も国も救われるのだ。
親鸞
日蓮

ゴロ合わせ　文永《ぶんえい》の役《えき》（元寇《げんこう》）おこる

元の船とうになし（1274年）。

1 2 7 4

元軍は御家人《ごけにん》の活躍《かつやく》や暴風雨などのために退却《たいきゃく》したよ。

よかった。引き上げたぞ。

社会

★今夜のおさらい

✪鎌倉《かまくら》時代，親鸞《しんらん》や日蓮《にちれん》などは庶民《しょみん》にわかりやすい新しい仏教《ぶっきょう》を広めました。また，栄西《ようさい》《えいさい》や道元《どうげん》は宋《そう》（中国）から禅宗《ぜんしゅう》を伝えました。

わかりやすい教え	法然《ほうねん》…浄土《じょうど》宗 親鸞…浄土真《じょうどしん》宗 （一向《いっこう》宗） 日蓮…日蓮宗 （法華《ほっけ》宗）	座禅《ざぜん》を重んじる禅宗	栄西…臨済《りんざい》宗 道元…曹洞《そうとう》宗

☽フビライ＝ハンが支配する元《げん》は日本に属国《ぞっこく》になるよう要求しましたが，執権《しっけん》の北条時宗《ほうじょうときむね》はこれを拒否《きょひ》しました。そのため元は，1274年（文《ぶん》永《えい》の役《えき》）と1281年（弘安《こうあん》の役）の二度にわたって攻《せ》めてきました。これを元寇《げんこう》（蒙古襲来《もうこしゅうらい》）といいます。

元寇後，鎌倉幕府が衰《おとろ》えたことも押《お》さえておこう。

寝る前にもう一度

✪鎌倉時代，親鸞は浄土真宗（一向宗），日蓮は日蓮宗（法華宗）を開いた。

☽文永の役（元寇）がおこった年は，「元の船とうになし（1274年）」。

21．歴史：室町幕府の成立

□　月　日
□　月　日

★今夜おぼえること

後醍醐天皇《ごだいごてんのう》は鎌倉幕府《かまくらばくふ》をたおし，建武《けんむ》の新政《しんせい》を行った。

後醍醐天皇は公《く》家《げ》（貴族）と武士を従えて天皇中心の政治を行ったんだ。

足利義満《あしかがよしみつ》は明《みん》（中国）と勘合貿易《かんごうぼうえき》（日明貿易）を行った。

勘合は正式な貿易船に与《あた》えられた証明書だよ。

社会

★今夜のおさらい

1333年，足利尊氏《あしかがたかうじ》らが後醍醐天皇《ごだいごてんのう》に味方して鎌倉幕府《かまくらばくふ》をたおし，建武《けんむ》の新政《しんせい》が始まりました。しかし公家《くげ》重視の政策で武士の不満が強まり，新政は2年半で崩《くず》れました。

鎌倉幕府の滅亡《めつぼう》前後の流れ

元寇《げんこう》 ⟹ 鎌倉幕府滅亡 ⇒ 建武の新政 ⇒ 足利尊氏が挙兵 ⇒ 南北朝に分かれる

室町《むろまち》幕府の3代将軍足利義満《よしみつ》は，大陸沿岸を荒《あ》らすなど海賊《かいぞく》的な行為《こうい》をしていた倭寇《わこう》を取り締《し》まり，明《みん》（中国）と勘合《かんごう》（日明《にちみん》）貿易《ぼうえき》を行いました。また，南北朝を統一し，幕府の力を強めました。

寝る前にもう一度

- 後醍醐天皇は鎌倉幕府をたおし，建武の新政を行った。
- 足利義満は明（中国）と勘合貿易（日明貿易）を行った。

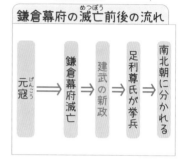

22. 歴史：応仁の乱と室町文化

□　月　日
□　月　日

★今夜おぼえること

★★★ ゴロ合わせ 応仁《おうにん》の乱《らん》おこる

人《1》のせ《4》む《6》な《7》(1467年）しい応仁の乱。

応仁の乱は11年にわたって続き，京都は焼け野原になったよ。

☽足利義政《あしかがよしまさ》は京都の東山《ひがしやま》に銀《ぎん》閣《かく》を建てた。

足利義満《よしみつ》が京都の北山《きたやま》に建てたのは金閣だよ。

社会

★今夜のおさらい

☆ 1467年，将軍のあとつぎ問題をめぐる有力な守護大名《しゅごだいみょう》の対立などから応仁《おうにん》の乱《らん》がおこりました。このの ち各地で戦乱が続く戦国《せんごく》時代になり，戦国大名が登場しました。

☽ 足利義政《あしかがよしまさ》が銀閣《ぎんかく》を建てたころ，質素《しっそ》で落ち着いた東山《ひがしやま》文化が発達し，禅宗《ぜんしゅう》寺院の様式を武家の住居に取り入れた書《しょ》院造《いんづくり》や水墨《すいぼく》画《が》が発達しました。

寝る前にもう一度

☆ 応仁の乱がおこった年は，「人の世むな（1467年）しい応仁の乱」。

☽ 足利義政は京都の東山に銀閣を建てた。

★今夜のおさらい

故事成語は、中国《ちゅうごく》の歴史書や『論語《ろんご》』などの一節からできた言葉である。

例 矛盾《むじゅん》・杞憂《きゆう》・呉越《ごえつ》同舟《どうしゅう》・大器晩成・五十歩百歩・漁父《ぎょふ》(夫)の利・背水の陣《じん》・虎《とら》の威《い》を借《か》る狐《きつね》・過ぎたるはなお及《およ》ばざるがごとし

二字熟語や四字熟語のものや、日本語の文の形になったものがあるね。

故事成語の元になった話(故事)を知っておくと、意味を覚えやすくなる。

例 蛇足《だそく》…「あとから付け加えた、余計なもの」という意味。

故事 蛇《へび》の絵を早く描《か》き上げる競争で、早くできた人がその絵に足を描き加えたので、負けになってしまった。

いろいろな故事成語の故事を調べてみると、おもしろいよ。

寝る前にもう一度

- 故事成語は、中国の古典に由来する、いわれのある話からできた人生の教えや戒《いまし》めを表す言葉。
- 「推敲《すいこう》」「蛇足」「四面楚歌《しめんそか》」「破竹《はちく》の勢い」は、どれも故事成語。

□月日 □月日

★今夜おぼえること

故事成語は、中国《ちゅうごく》の古典に由来する、いわれのある話からできた人生の教えや戒《いまし》めを表す言葉。

四面楚歌《しめんそか》

「推敲《すいこう》」「蛇足《だそく》」「四面楚歌《しめんそか》」「破竹《はちく》の勢い」は、どれも故事成語。

破竹の勢い

国語

★今夜のおさらい

① 語頭以外のは・ひ・ふ・へ・ほ
↓「わ・い・う・え・お」
例 にほひ↓におい

② ゐ・ゑ・を↓「い・え・お」
例 ゆゑ↓ゆえ

③ ぢ・づ↓「じ・ず」
例 めづらし↓めずらし

④ くわ・ぐわ↓「か・が」
例 くわじ↓かじ（火事）

⑤ 語中のau・iu・eu・ou
↓ô・yû・yô・ô
例 ひさしう↓ひさしゅう

古語には、現代では使われていない語、現代とは違《ちが》う意味で使われる語、現代語と共通の意味をもつ語などがある。

例 いとうつくしうてゐたり。

訳 （かぐや姫《ひめ》が竹の筒《つつ》の中に）とてもかわいらしい様子で座っている。

「いと」や「たり」は現代では使われていない語、「うつくし」「ゐる（いる）」は現代とは違う意味で使われている語だよ。

寝る前にもう一度

古文で使われる仮名遣《かなづか》いを、歴史的仮名遣いという。

古語には独自の意味をもつ言葉がある。「いと」は「とても」、「かなし」は「愛らしい」。

国語

★今夜おぼえること

★★ 古文で使われる仮《か》名《な》遣《づか》いを、歴史的仮名遣いという。

① 例 言ふ↓言う

② 例 ゐる↓いる

③ 例 もみぢ↓もみじ

④ 例 にぐわつ↓にがつ（二月）

⑤ 例 まうす↓もうす（申す）

☾ 古語には独自の意味をもつ言葉がある。「いと」は「とても」、「かなし」は「愛らしい」。

★今夜のおさらい

連体詞は、体言を含《ふく》む文節を修《しゅう》飾《しょく》する連体修飾語になる。

- 〜の型…例この・その
- 〜る型…例ある・いわゆる
- 〜た・だ型…例たいした・とんだ
- 〜な型…例いろんな
- その他…例我が

体言は名詞、用言は動詞・形容詞・形容動詞のことだったね。

副詞は、程度や様子を表し、主に用言を修飾する、連用修飾語になる。

- 状態の副詞…例ひらひら
- 程度の副詞…例たいそう
- 呼応の副詞

例まるで(〜ようだ。)
たぶん(〜だろう。)

呼応の副詞は、「〜ようだ」「〜だろう」のように被《ひ》修飾語が決まった言い方になるよ。

寝る前にもう一度

- 体言だけを修飾する連体詞。主に用言を修飾する副詞。
- 副詞の種類は、状態の副詞、程度の副詞、呼応の副詞の三つ。

□月　日　□月　日

★今夜おぼえること

☆ 体言だけを修飾《しゅうしょく》する連体詞。
主に用言を修飾する副詞。

いろんな（連体詞）　ケーキ

☽ 副詞の種類は、
状態の副詞、
程度の副詞、
呼応の副詞の三つ。

ひらひら　舞《ま》う。
たいそう　美しい。
まるで　チョウのようだ。

★今夜のおさらい

名詞の種類は次のとおり。

- 普通《ふつう》名詞…例 旅行・寺
- 固有名詞…例 京都《きょうと》府（地名）・千利休《せんのりきゅう》（人名）・『金閣寺《きんかくじ》』（作品名）
- 数詞…例 七人・千年
- 形式名詞…例 話すこと・行くとき
- 代名詞…例 これ・私

代名詞の「これ」は指示語だよ。副詞の「こう」や連体詞の「こんな」も指示語だけど、「これが見本だ」のように「が・は」を伴《ともな》って主語になるものが、名詞だよ。

接続詞の種類は次のとおり。

- ①順接…例 だから
- ②逆接…例 しかし
- ③並立・累加《るいか》…例 しかも
- ④対比・選択《せんたく》…例 または
- ⑤説明・補足…例 つまり
- ⑥転換《てんかん》…例 ところで

感動詞の種類は次のとおり。

- ①感動…例 あら・まあ
- ②呼びかけ…例 ねえ・おい
- ③応答…例 はい・いいえ
- ④挨拶《あいさつ》…例 こんにちは

寝る前にもう一度

- 人や物事の名前を表す単語は、名詞。普通名詞・固有名詞・数詞・形式名詞・代名詞の五つ。
- 単独で接続語になる接続詞。単独で独立語になる感動詞。

月 日 月 日

★今夜おぼえること

★★★人や物事の名前を表す単語は、名詞。普通《ふつう》名詞・固有名詞・数詞・形式名詞・代名詞の五つ。

旅行（普通名詞）

京都《きょうと》（固有名詞）

☾単独で接続語になる接続詞。単独で独立語になる感動詞。

カツカレー、もしくは（接続詞）天丼《てんどん》で迷う。

★今夜のおさらい

用言は、**動詞**・**形容詞**・**形容動詞**の三品詞。**活用する**自立語で、単独で**述語**になることができる。

例 毎朝七時に**起きる**。 動詞

今朝は少し**寒い**。 形容詞

校庭の桜の花が**きれいだ**。 形容動詞

体言は、**名詞**のみ。**活用しない**自立語で、**付属語を伴《ともな》って主語**になることができる。

例 **私**が学級委員だ。 名詞 付属語

明日は晴れるらしい。

桜はバラ科の花だ。

名詞かどうかは、「が・は」を付けて主語になるかどうかで確かめることができるよ。

寝る前にもう一度

- 自立語のうち、活用する単語の動詞・形容詞・形容動詞を、用言という。
- 自立語のうち、活用しない単語の名詞を、体言という。

★今夜おぼえること

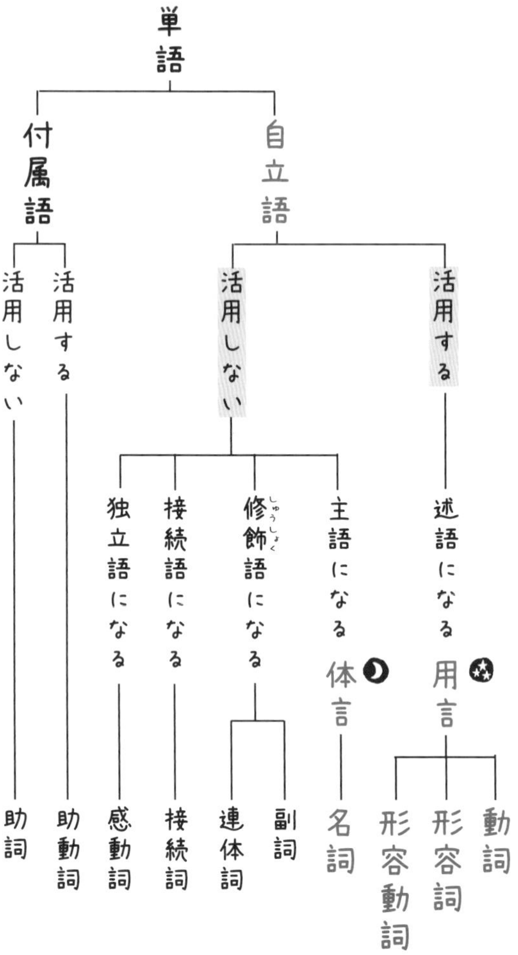

月 日
月 日

★今夜のおさらい

● **自立語**は、それだけで**意味**がわかる単語で、**単独**で文節を作ることができる。**一文節に必ず一つ**、常に文節の**最初**にある。

● **付属語**は、それだけでは**意味**がわからない単語で、必ず**自立語**のあとに付いて**文節の一部**になる。

「桜は 春に 咲《さ》きます。」のように自立語のあとに付属語が付くね。

☾ 単語が活用するときに、**変化しない部分**を「**語幹**」、**変化する部分**を「**活用語《ご》尾《び》**」という。

例 読む

語幹…活用しても形は変化しない

読まナイ　**読みマス**

活用語尾…活用すると形が変化する

下に続く「ナイ」「マス」などの言葉によって、活用語尾が変化するんだね。

寝る前にもう一度

★ 自立語は単独で文節を作ることができる。付属語は自立語のあとに付いて文節の一部になる。

☾ 活用とは、あとに続く言葉や文中での働きにより、語形が変化すること。

□月日 □月日

★今夜おぼえること

自立語は単独で文節を作ることができる。付属語は自立語のあとに付いて文節の一部になる。

試合（自）は、（付）
来週（自）だ。（付）

活用とは、あとに続く言葉や文中での働きにより、語形が変化すること。

★ 修飾《しゅうしょく》語には二種類ある。

● 連体修飾語…体言(名詞)を含《ふく》む文節に係る。

例 きれいな青空。

● 連用修飾語…用言(動詞・形容詞・形容動詞)を含む文節に係る。

例 じっと見上げる。

独立語は、「はい」「まあ」のように、文の最初にくることが多いよ。

☽ 連文節とは、二つ以上の文節がまとまって、一つの文節のような働きをするもの。

例 パンと牛乳を買う。（修飾部）

少し休んだので、元気だ。（接続部）

二組の川村さん、職員室まで来てください。（独立部）

それぞれ、主部・述部・修飾部・接続部・独立部というよ。

寝る前にもう一度

★ 文の成分は、主語・述語・修飾語・接続語・独立語の五つ。

☽ 文の成分は、一文節なら「〜語」、連文節なら「〜部」。

月　日　月　日

★今夜おぼえること

文の成分は、主語・述語・修飾《しゅうしょく》語・接続語・独立語の五つ。

練習したので、（接続語）

私が（主語）　優勝した。（述語）

文の成分は、一文節なら「～語」、連文節なら「～部」。

祖母が（主語）　来た。（述語）

祖母と祖父が（主部）

やって来た。（述部）

★今夜のおさらい

●「何が」「誰《だれ》が」に当たる文節を**主語**という。

●「どうする」「どんなだ」「何だ」「ある・いる」「ない」に当たる文節を**述語**という。

●「いつ・どこで・どのように・どのような」などを説明する言葉を**修飾《しゅうしょく》語**という。

例 子犬が、広い野原を走る。

誰が 主語
どんな 修飾語
被《ひ》修飾語
どうする 述語

●**接続**の関係の例。

接続語（あとの内容の理由）

例 疲《つか》れたので、休んだ。

●**独立**の関係の例。

独立語（他とは係り受けがない）

例 ああ、うれしい。

●**並立**の関係の例。

例 安くて おいしい 店。

対等の関係

●**補助**の関係の例。

例 食べて みる。

「食べる」に意味を添《そ》える

寝る前にもう一度

★文節どうしの関係には、主語・述語の関係、修飾・被修飾の関係がある。

☾文節どうしの関係には、接続の関係、独立の関係、並立の関係、補助の関係がある。

月　日
月　日

★今夜おぼえること

文節どうしの関係には、主語・述語の関係、修飾《しゅうしょく》・被《ひ》修飾の関係がある。

文節どうしの関係には、接続の関係、独立の関係、並立の関係、補助の関係がある。

★今夜のおさらい

☆ 文章には、小説・随筆《ずいひつ》・論説・短歌・俳句などがある。段落には、書き出しを一字下げた形式段落と、形式段落を意味の上からまとめた意味段落がある。文には句点（。）ではなく、感嘆符《かんたんふ》（！）や疑問符（？）で区切られたものもある。

言葉の単位の大きさは、文章→段落→文→文節→単語の順だよ。

☽

- 文節の区切り目は、「ね・さ・よ」を入れて自然に切れるところである。

例 私はね動物がさ好きだよ。

- 「〜している」「〜すること」は、「〜して／いる」「〜する／こと」と文節に区切るが、「話し続ける」のような複合語は一単語。

単語の種類は、P148の品詞分類表で詳《くわ》しく扱《あつか》うよ。

寝る前にもう一度

☆ 文章は言葉の最も大きな単位、段落は内容的なまとまり、文は句点（。）で区切られたまとまり。

☽ 文節は不自然でない程度に区切ったもの、単語は意味をもった言葉の最小の単位。

□月　日
□月　日

今夜おぼえること

文章は言葉の最も大きな単位、段落は内容的なまとまり、文は句点（。）で区切られたまとまり。

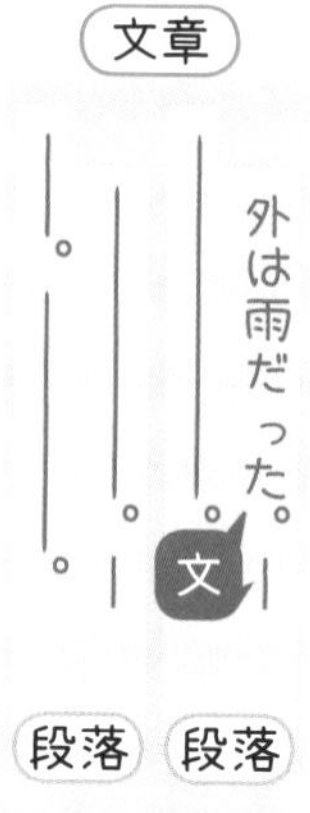

文節は不自然でない程度に区切ったもの、単語は意味をもった言葉の最小の単位。

★今夜のおさらい

● 意味が似ている漢字を重ねた二字熟語の構成の例。

例 豊富・貯蓄《ちょちく》・幸福

● 意味が反対や対《つい》になる漢字を重ねた二字熟語の構成の例。

例 盛衰《せいすい》・禍福《かふく》・伸縮《しんしゅく》

● 上の漢字が主語・下の漢字が述語の二字熟語の構成の例。

例 国立・地震《じしん》・腹痛

● 下の漢字が上の漢字の目的や対象を表す二字熟語の構成の例。

例 延期・握手《あくしゅ》・遅刻《ちこく》

● 上の漢字が下の漢字を修《しゅう》飾《しょく》する二字熟語の構成の例。

例 急用・強風・駅前

「手を握《にぎ》る」「強い風」のように熟語を文として読んだり、言葉を補って文の形にしたりすると、わかりやすいね。

寝る前にもう一度

意味が似ている漢字、意味が反対や対になる漢字を重ねた構成。上が主語で下が述語の構成。

下の漢字が上の漢字の目的や対象を表す構成。上の漢字が下の漢字を修飾する構成。

□月 日 □月 日

★今夜おぼえること

★★★ 意味が似ている漢字、意味が反対や対《つい》になる漢字を重ねた構成。上が主語で下が述語になる構成。

例
善良…善い＝良い　似た意味
善悪…善い⇔悪い　反対の意味
雷鳴《らいめい》…雷《かみなり》が→鳴る　「雷」が主語「鳴」が述語

☾ 下の漢字が上の漢字の目的や対象を表す構成。上の漢字が下の漢字を修飾《しゅうしょく》する構成。

例
作文…作る←文を　「文」が「作」の目的・対象
親友…親しい→友　「親」が「友」を修飾

★今夜のおさらい

へん…例 亻（にんべん）

つくり…例 刂（りっとう）

かんむり…例 宀（うかんむり）

あし…例 灬（れんが・れっか）

たれ…例 广（まだれ）

にょう…例 辶（しんにょう・しんにゅう）

かまえ…例 門（もんがまえ）

部首は、複数の漢字に共通する部分のことだね。例えば「亻」の漢字には、「休・仏・仁」などがあるよ。

筆順には、代表的な原則が七つある。

① 上から下へ。 例 、 亠 言

② 左から右へ。 例 丿 州 州

③ 横画が先。 例 一 十 土

④ 中央が先。 例 亅 小 小

⑤ 外側が先。 例 丨 冂 同

⑥ 左払《はら》いが先。 例 亠 ナ 文

⑦ 貫《つらぬ》く画は最後。 例 冂 口 中

原則に当てはまらない筆順もたくさんあるから、一字一字覚えることが大切だよ。

寝る前にもう一度

- 部首は、へん・つくり・かんむり・あし・たれ・にょう・かまえの七つ。
- 筆順の二大原則は、①上から下へ。②左から右へ。

★今夜おぼえること

部首は、へん・つくり・かんむり・あし・たれ・にょう・かまえの七つ。

筆順の二大原則は、

①上から下へ。

②左から右へ。

月 日
月 日

国語は
こちら側から
始まるよ！

の新習慣《しんしゅうかん》！／

暗記ブックシリーズ

英検®にチャレンジ！

- 英検®5級
- 英検®4級
- 英検®3級
- 英検®準2級

無料
ダウンロード
音声

漢検にチャレンジ！

- 漢検5級
- 漢検4級
- 漢検3級

配当漢字表
つき

英語（和文・男性），数学，社会ナレーション：岡本信彦
英語（和文・女性），理科，国語ナレーション：鬼頭明里
英語（英文・男性）ナレーション：Dominic Allen
英語（英文・女性）ナレーション：Jenny Skidmore
音声収録・編集：Allyスタジオ，田中綾
効果音：バンデンK（Audiostock），green air（Audiostock）／PIXTA（ピクスタ）
企画・ディレクション：澤田未来

編集協力：上保匡代，有限会社オフサイド，鈴木瑞穂，有限会社マイプラン，野口光伸，木村紳一

表紙・本文デザイン：山本光徳
本文イラスト：山本光徳,根津あやぼ,株式会社アート工房,まつながみか,さとうさなえ,鹿又きょうこ,森永みぐ
DTP：株式会社明昌堂　データ管理コード：23-2031-1369（CC19）
図版：有限会社アズ，木村図芸社，株式会社明昌堂
※赤フィルターの材質は「PET」です。

◆この本は下記のように環境に配慮して製作しました。
・製版フィルムを使用しないCTP方式で印刷しました。
・環境に配慮して作られた紙を使用しています。

寝る前5分耳から暗記ブック 中1

①